जो मेरी
नस-नस
में है....

हमने बहुत क़रीब से
देखा है ज़िन्दगी को,
उतना ही पास रह गया
जो दे दिया किसी को।

मनोज

माँ, मातृभूमि और मोहब्बत

मनोज 'मुंतशिर' शुक्ला

प्रकाशक

प्रभात प्रकाशन प्रा. लि.

4/19 आसफ अली रोड, नई दिल्ली–110002

फोन : 011–23289777 • हेल्पलाइन नं. : 7827007777

इ–मेल : prabhatbooks@gmail.com ❖ वेब ठिकाना : www.prabhatbooks.com

संस्करण

2024

पेपरबैक मूल्य

चार सौ रुपए

मुद्रक

आर–टेक ऑफसेट प्रिंटर्स, दिल्ली

———— ★ ————

JO MERI NAS-NAS MEIN HAI...

Poems by Shri Manoj 'Muntashir' Shukla

Published by **PRABHAT PRAKASHAN PVT. LTD.**

4/19 Asaf Ali Road, New Delhi-110002

ISBN 978-93-5521-572-7

₹ 400.00 (PB)

1999—मुलुंड, मुंबई का एक इलाक़ा, रात के लगभग 11 बजे का समय!

मेन रोड से लगी हुई कुछ खोलियाँ हैं, उनमें से एक का दरवाज़ा तेज़ आवाज़ के साथ खुलता है और VIP का एक फटा-पुराना बैग बाहर फेंक दिया जाता है।

साथ ही एक महिला के चीख़ने की आवाज़ आती है, 'जेब में दो कौड़ी नहीं और बातें बड़ी-बड़ी; कहीं और जाके भीख माँग।'

हवा में फेंका हुआ बैग खुल जाता है।

एक डायरी के कुछ पन्ने, एक फ़ाइल में रखे हुए कुछ ए-4 साइज़ के काग़ज़ फड़फड़ाते हुए सड़क पर चारों ओर बिखर जाते हैं।

23 साल का एक लड़का खोली के उसी खुले हुए दरवाज़े से दौड़ता हुआ बाहर आता है और बदहवास, हवा में उड़ते हुए पन्ने समेटने लगता है।

आधी रात होने को है, लेकिन सड़क पर ट्रैफ़िक अभी कम नहीं हुआ।

आती-जाती गाड़ियों से बेपरवाह वो लड़का रोता जा रहा है और एक-एक पन्ने के पीछे भागता जा रहा है।

ब्रेक मारती हुई गाड़ियों से मुँह निकालकर लोग गालियाँ बकते हैं, "अबे, मरेगा क्या!"

पता नहीं ये तमाशा कितनी देर चला, लेकिन लड़के ने सारे पन्ने समेट लिए और हवा ने सारे आँसू सुखा दिए।

वही समेटे हुए पन्ने और सूखे हुए आँसू किताब बनकर आज आपके हाथों में हैं; सँभाल लीजिए।

तुम सुनो आज तो बोलूँ मैं

शायर, कवि, गीतकार, लेखक, स्पीकर, सेलिब्रिटी, ये सब वो रेशमी शॉलें हैं, जो मुझे ओढ़ा दी गईं। मुझे ये शॉलें पसंद हैं; इनकी नरमी, इनकी गरमाहट मुझे अच्छी लगती है, लेकिन सच यह है कि मैं कोई ओढ़ी हुई शॉल नहीं, एक धड़कता हुआ दिल हूँ। वह दिल, जो हर दिल की तरह ख़ुश होता है, उदास होता है, कभी लबालब उम्मीद से भर जाता है तो कभी आख़िरी बूँद तक हौसलों से ख़ाली हो जाता है। अगर आप मुझमें महानता का कोई लक्षण ढूँढ़ रहे हैं, तो आपको सिर्फ़ निराशा हाथ लगेगी। मुझमें 'महान' कुछ भी नहीं, और 'मामूली' सबकुछ है। मैं इतना मामूली हूँ कि आज भी कोई नया गीत लिखते हुए मेरी उँगलियाँ थरथराती हैं; घबराता हूँ कि इस बार कुछ अच्छा लिख नहीं पाऊँगा! टी.वी. शोज़ पर बोलने का बुलावा आता है तो कभी एक बार में 'हाँ' नहीं कह पाता, डर लगता है, इस बार कुछ अच्छा बोल नहीं पाऊँगा। देश और दुनिया के मंचों पर मेरा नाम पुकारा जाता है तो आज भी स्टेज पर जाते हुए मेरे पाँव कँपकँपाते हैं। यह सब इसलिए होता है कि मैं शब्द और वाणी को अपनी 'संपत्ति' नहीं, प्रकृति का दिया हुआ 'सुपर पावर' मानता हूँ। यह पावर रिवर्सिबल है, यानी कभी भी वापस लिया जा सकता है। मुझे देखकर लगता नहीं, लेकिन लिखने और बोलने, दोनों में मेरे अंदर आत्मविश्वास की भारी कमी है। आत्मविश्वास अपने कमाए हुए धन पर हो सकता है, जोड़ी हुई जायदाद पर हो सकता है, अपनी गाड़ियों और बँगलों पर हो सकता है। बुद्धिमानी से काम लें तो यह सब कभी खोएगा नहीं, लेकिन उस दौलत का क्या भरोसा, जो आसमान से बरस रही है; कल मौसम बदल भी सकता है, बारिश रुक भी सकती है। इतनी घबराहट के बावजूद मैं

नए गीत लिख पाता हूँ, कुछ सार्थक बोल पाता हूँ तो सिर्फ़ अपने पढ़ने और सुनने वालों के दम पर।

सोशल मीडिया पर जब कोई फ़ौजी लहराते हुए तिरंगे के साथ 'तेरी मिट्टी' पोस्ट करके मुझे टैग करता है, कोई बेटा 'इंडियन आइडल' के मेरे वीडियोज़ 'लव यू माँ' लिख के शेयर करता है, या फिर कॉलेज का कोई लड़का टूटे हुए दिल वाले इमोटिकॉन्स के साथ 'वो लड़की अब पराई हो चुकी है' व्हाट्सएप पर ब्रॉडकास्ट करता है, तो मेरे अंदर का सुपर पावर जाग उठता है, अचानक कहीं से बादल घिर आते हैं और काग़ज़ पर मूसलाधार बरस जाते हैं।

कुछ बरस पहले तक मुझे भरम था कि जो मैंने लिखा, सब मेरा है; अब सच्चाई खुल चुकी है। मेरे लिखे हुए हर शब्द पर सिर्फ़ दो कॉपीराइट्स हैं; ईश्वर का और आपका!

सिनेमा हो या मंच, भूमिकाएँ बाँधने में मैंने कभी विश्वास नहीं किया, आज भी आपका ज़्यादा समय नहीं लूँगा; जो ज़रूरी है, वही लिखूँगा।

आज अगर आपके हाथों में मेरी यह किताब है तो इसके दो बुनियादी कारण हो सकते हैं। आपने मुझे कहीं बोलते हुए सुना है, पसंद किया है, या फिर आप मेरी रचनाओं से ज़्यादा मेरी कहानी में रुचि रखते हैं, मेरे अंदर ख़ुद को तलाश करते हैं। सच यह है कि मेरी परतें ज़रा सी हटा दी जाएँ, तो आज के मनोज मुंतशिर को ढूँढ़ना मुश्किल हो जाएगा; सिर्फ़ एक लड़का मिलेगा, गौरीगंज की सड़कों पर भटकता हुआ, इलाहाबाद के पैलेस थिएटर में उधार के पैसों से टिकट ख़रीदकर फ़िल्म देखता हुआ, प्रतापगढ़ के रेलवे प्लेटफ़ॉर्म पर तौलिया बिछाकर ट्रेन का इंतज़ार करता हुआ, कटरा के मोहन होटल में दाल फ्राई खाने के लिए हफ़्तों तक गुल्लक में सिक्के जोड़ता हुआ, अपने पुश्तैनी गाँव में किसानों से बिरहा सुनता हुआ, लखनऊ के ऑटोवालों से किराया कम करने की बहस करता हुआ, पारले-G बिस्किट को दुनिया की सबसे बड़ी डेलिकेसी बताने की ज़िद पे अड़ा हुआ और चाय को अमृत की तुलना में थोड़ा बेहतर साबित करने के लिए तर्क-पे-तर्क देता हुआ एक लड़का।

यह लड़का आगे चलकर स्विट्ज़रलैंड की गलियों में भी घूमा, बड़े-बड़े निर्माताओं के ससम्मान इनवाइट्स पर फ़िल्में भी देखीं, प्राइवेट जेट्स में भी उड़ा, दुनिया के सबसे बड़े फ़ाइन-डाइन रेस्टोरेंट्स में डिनर भी किया, राष्ट्राध्यक्षों से भी मिला, लिमोजींस में भी चला, लंदन की मशहूर अलमा बेकरी के बिस्किट्स भी चखे और 50 साल पुरानी इंपोर्टेड वाइन्स के तोहफ़े भी क़ुबूल किए, लेकिन गौरीगंज की गलियाँ, इलाहाबाद का थिएटर, प्रतापगढ़ का प्लेटफ़ॉर्म, मोहन होटल की दाल, किसानों का बिरहा, लखनऊ के रिक्शा, पारले-G और चाय—इनसे आगे वह कभी नहीं निकल पाया। लोग अपने आगे बढ़ने का श्रेय अकसर अपने जीवनसाथी को देते हैं, मैं नीलम को अपने पीछे रह जाने का श्रेय दूँगा। जब कभी कामयाबी की चमक-दमक में मेरे पाँव हवा में तैरने लगे, नीलम बड़े आहिस्ता से मुझे वापस ज़मीन पर उतार लाईं।

मुझे 2010 का एक क़िस्सा याद आ रहा है। मैं टेलीविज़न की दुनिया में एक हद तक कामयाब हो चुका था; मुंबई में तीन फ़्लैट्स ख़रीद चुका था, बैंक में ठीक-ठाक से पैसे भी थे। एक दिन मैंने नीलम से कहा, "मैं मर्सिडीज़ ख़रीदने जा रहा हूँ।" नीलम जानती थी, हम मर्सिडीज़ अफ़ोर्ड कर सकते हैं, फिर भी पलटकर पूछ लिया, "क्या सचमुच तुमने इतना नाम कमा लिया कि तुम मर्सिडीज़ से चलो और वह तुम पर शोभा दे?"

सवाल बेचैन करने वाला था, क्योंकि मैं जवाब जानता था, टेलीविज़न की कामयाबी का कोई रिश्ता साहित्यिक स्वीकृति या लोकप्रियता से नहीं है। टी.वी. के लिए लिखना आपके बैंक बैलेंस में जितने शून्य जोड़ता है, एक लेखक के तौर पर आपको उतने ही बड़े शून्य की ओर धकेल देता है। कम-से-कम मेरे वक़्त में तो ऐसा ही था; उम्मीद करता हूँ, अब हालात बदल चुके होंगे। मैंने मर्सिडीज़ तो नहीं ली, लेकिन टीवी के ऐशो-आराम में खो जाने की जगह सिनेमा के संघर्ष में उतर आने की प्रतिज्ञा ज़रूर ले ली। समय बदल गया, दुनिया बदल गई, नीलम नहीं बदलीं। आज भी चाय के साथ प्लेट में पारले-G के दो बिस्किट्स देते हुए मुसकराती हैं और बिना कुछ कहे मुझे याद दिला देती हैं कि मैं कौन हूँ? नीलम तक पहुँचने से पहले मैं

कई मोहब्बतों से गुज़रा, कई बार दिल टूटा, लेकिन हर बार दोष मेरा ही था।

मैं अपना अधूरापन भरने के लिए प्यार कर रहा था और प्यार करने की इससे ग़लत वजह कोई और नहीं हो सकती। प्यार तो अपनी पूर्णता को किसी के साथ बाँटने का नाम है; जो ख़ुद अधूरा है, ख़ाली है, वह किसी और को क्या देगा, किसी और से क्या प्यार करेगा! मैंने कई बार प्रेम किया, शायद इसीलिए मैं अपने देश से भी टूट के प्यार कर पाया।

मुंशी प्रेमचंद के एक कथन को मैं श्रद्धा की हद तक सच मानता हूँ, 'जो स्त्री से प्रेम नहीं कर सकता, उसके देशप्रेम पर मुझे विश्वास नहीं।'

अमृता प्रीतम ने कहा था, 'मेरी आत्मकथा इतनी छोटी है कि एक डाक टिकट पर लिखी जा सकती है।'

मैं समझता हूँ, लाखों-करोड़ों अक्षरों से भरे हुए मेरे जीवन का सारांश सिर्फ़ तीन शब्दों में कहा जा सकता है, 'माँ, मातृभूमि और मोहब्बत।'

आज ये तीनों शब्द और इनके पीछे मेरी सैकड़ों जागती हुई रातें आपके हवाले।

—मनोज मुंतशिर

ई-मेल : office@manojmuntashir.com
X: @manojmuntashir
Insta: @manojmuntashir

आभार

लोग कहते हैं, मनोज मुंतशिर एक 'सेल्फ़-मेड' आदमी है, यह झूठ है। दुनिया में कोई भी 'सेल्फ़-मेड' नहीं होता, मैं भी नहीं हूँ; जिन लोगों ने मुझे बनाया, आज उनके नाम बता देता हूँ। 2020 में फ़िल्मी दुनिया के सभी अवॉड्र्स को अलविदा कहने से पहले मैं अनगिनत रेड कार्पेट्स पर चला, दोनों हाथों से अवॉड्र्स बटोरे, लेकिन कभी मंच से 'थैंक्यू मम्मी, थैंक्यू पापा' नहीं कहा। चमचमाती हुई ट्रॉफ़ियाँ हाथों में अच्छी तो लगती थीं, पर कभी उन पर इतना गर्व नहीं हुआ कि अपनी ज़िंदगी के सबसे क़ीमती रिश्तों को उनके साथ जोड़ने की ज़रूरत महसूस करूँ। वह ज़रूरत आज महसूस हो रही है, क्योंकि आज मेरे हाथों में कोई स्पॉन्सर्ड ट्रॉफ़ी नहीं, एक किताब है, जिसका एक-एक शब्द मेरी साधना का प्रतिफल है।

श्रीमती प्रेमा शुक्ला—आपको आभार कहना ज़रूरी नहीं समझता; आभार उस ईश्वर का, जिसने मुझे आप जैसी स्वाभिमानी और विज़नरी माँ का बेटा बनाया। मैं कभी नहीं भूलूँगा कि आप दो साड़ियों में पूरा साल निकाल देती थीं, ताकि मैं बड़े स्कूल में पढ़ सकूँ।

श्री शिव प्रताप शुक्ला—85 वर्ष की उम्र में भी मेरा सबसे मज़बूत साथी होने के लिए आभार। समय बहुत बीत चुका है, लेकिन और 15 सालों तक मैं मंच से अपनी वह कविता पढ़ते रहना चाहता हूँ, 'अभी मेरा बाप ज़िंदा है'।

आभार नीलम, मेरी पहली प्रशंसक और पहली आलोचक होने के लिए, मेरे फटे हुए जूतों से प्यार करने के लिए।

आरु, पिछली बार तुम्हारे नाम किताब लिखी थी, इस बार ज़िंदगी लिख रहा हूँ। मेरे कानों के पास कुछ बाल सफ़ेद हो रहे हैं, लेकिन मेरा लड़कपन वापस लौट रहा है, क्योंकि मैं तुम्हें बड़ा होते हुए देख रहा हूँ। मेरी ज़िंदगी में जादू बनकर आने के लिए तुम्हें जादू की झप्पी!

दीपक—मेरे बैंक अकाउंट में 10 डिजिट्स कभी नहीं जुड़ पाईं, लेकिन मुझसे बड़ा अमीर कोई नहीं है, क्योंकि 10 डिजिट्स का तुम्हारा मोबाइल नंबर मेरी फ़ोनबुक में है। मैं जानता हूँ, रात के तीन बजे भी एक रिंग पर मेरा फ़ोन उठेगा।

निक्कू—इस नाम से तुम्हें कम ही लोग बुलाते हैं। तुम औरों के लिए नीरज 'सर' हो, पर मेरे लिए वही निक्कू, जो मुझे 24 साल पहले मिला था और मेरी फटेहाली के बावजूद इज़्ज़त से मुझे चाय पिलाई थी।

कुछ ग़ज़लें भी तुमने मुझसे सुनीं और कहा, "एक दिन आप बहुत बड़े आदमी बनेंगे।" बस एक बात कहना तुम भूल गए थे कि मुझे बड़ा आदमी बनाने में तुम्हारा बहुत बड़ा हाथ होगा। 'इंडियन आइडल' के मंच पर कविता पढ़ी जा सकती है, यह क्रांतिकारी विज़न तुम्हारा था। बड़े-बड़े सुपरस्टार्स जहाँ मेहमान के तौर पर आने का इंतज़ार करते हैं, वहाँ माँ हिंदी के इस बेटे को बार-बार बुलाया गया और हर बार तुमने मेरे अंदर दबी हुई भावनाएँ निकालकर देश की अनगिनत माँओं, पिताओं और फ़ौजियों में बाँट दीं। नीरज, इस किताब के दो हिस्सों में तुम मिलोगे—माँ और मातृभूमि!

वीर, एक खँडहर ऑफ़िस, यहाँ-वहाँ फिरते चार कबूतर, इतना सा था मेरा साम्राज्य, जिसके वज़ीर थे तुम। देखो, तुम्हारी मेहनत ने हमें कहाँ-से-कहाँ पहुँचा दिया। निधि, तुम सचमुच 'निधि' हो। अपने 'गर्ल-पावर' से तुमने बार-बार सिद्ध किया कि इस देश की हर लड़की माँ भगवती की शक्ति लेकर पैदा होती है। विशाल बाग़, इस किताब का कवर डिज़ाइन तुम्हारा तोहफ़ा है मुझे; शुक्रिया!

मेरी टीम—अंबरीश, लवेश, कशन, रितेश, विराट, विनय, मोहित, शुभम्, ध्रुवल, रोहित, तान्या, अपूर्वा, मैं तुम सबकी रोशनी से चमकता हूँ; अपने जीवन के सबसे क़ीमती दिन मुझ पर ख़र्च करने के लिए बहुत सारा प्यार!

आप, मुझे सुनने और पढ़नेवाले, मेरे शब्दकोश में कोई ऐसा शब्द नहीं है, जो लिख के आपका क़र्ज़ उतार पाऊँ।

गौरीगंज का एक तिनका आपके स्नेह की बयार में उड़ गया, कहीं पहुँच गया, इस उपकार के लिए आप कोई भाव ढूँढ़ पाएँ तो ढूँढ़ लें, मुझसे तो हो नहीं पाया!

अनुक्रम

माँ

बाबूजी

मातृभूमि

मोहब्बत

सनातन

इंद्रधनुष

भाग–1

माँ

क्या लिखूँ, क्या बोलूँ, क्या गाऊँ

आज फिर माँ के लिए कुछ लिखना है
बड़ी दुविधा में घिर गया हूँ

जो लफ़्ज़ों से परे है, उसके लिए लफ़्ज़ खोज रहा हूँ
जो सोचा ही नहीं जा सकता, वही सोच रहा हूँ

कोई मेरी मदद करो, बताओ
जिसने अक्षर-अक्षर पढ़ना सिखाया
उसके लिए कौन सी किताब खोलूँ?
जिसने शब्द-शब्द बोलना सिखाया
उसके लिए क्या बोलूँ?
कौन सा दीया जलाऊँ उसके आगे
जिसने मेरे इंतज़ार में आँखें जलाई हैं?
क्या गाऊँ उसके लिए
जिसने मेरे लिए लोरियाँ गाई हैं?
कौन सी दुकान से सलमा-सितारे लाऊँ
जिसने ज़िंदगी भर मुझे 'राजा बाबू' बनाके रखा, उसे कैसे सजाऊँ?

आज मेरा रोम-रोम एक अनकही कहानी लिखेगा
मैंने आँखों को क़लम दे दी है,
अब जो लिखना है, मेरी आँखों का पानी लिखेगा!

□

मैं कितना ख़ूबसूरत हूँ

ये सब आईने झूठे हैं, ये सब शीशे फ़रेबी हैं
ये क्या जानें, मैं दो बुझती हुई आँखों का सूरज हूँ
चमकते चाँद-तारों को भी वो फीका बता देगी
मेरी माँ से कभी पूछो मैं कितना ख़ूबसूरत हूँ!

□

राजा बेटा

मेरी नींदों में भी परियाँ आई हैं
बादल के बिस्तर पे लेटा मैं भी हूँ
तो क्या जो मेरे नाम रियासत नहीं कोई
अपनी माँ का राजा बेटा मैं भी हूँ!

□

नौ महीने

देखो मैं मानता हूँ कि दुनिया का कोई रिश्ता
छोटा या बड़ा नहीं होता
लेकिन मेरी माँ के बराबर कोई और खड़ा नहीं होता

मेरे इंतज़ार में खुली आँखों से बस वही सो सकती है
मेरे दुःख में मुझसे ज़्यादा बस वही रो सकती है

माथा चूम के मुक़द्दर बदल देने का जादू उसी को आता है
और उसी का हाथ है जो थर्मामीटर से भी ज़्यादा सही टेंप्रेचर बताता है

मैंने मोहब्बत की तमाम किताबें पढ़ डालीं
पहले पन्ने पर माँ का ही नाम लिखा था
वो मुझपे तब से जान देती है
जब मैं प्रेगनेंसी स्ट्रिप पर सिर्फ़ एक लकीर बनके दिखा था

हिसाब लगा के देख लो,
दुनिया के हर रिश्ते में कुछ अधूरा-आधा निकलेगा
एक माँ का प्यार है, जो दूसरों से 'नौ महीने' ज़्यादा निकलेगा।

□

बरदाश्त

"माँ, मैं तुझे प्यार तो बहुत करता हूँ
बस तेरे लिए वक़्त नहीं निकाल पाता
बड़ा आदमी बनना है मुझे
तो बहुत कुछ सहना पड़ता है, बरदाश्त करना पड़ता है
तू समझ रही है न?"

वो बेचारी क्या समझेगी और क्या बताएगी
इतने सारे शब्द कहाँ से लाएगी!

मैं बताता हूँ

कभी पेड़ों से मत पूछना कि फल देने में वो क्या-क्या सहते हैं,
जिसने अपनी कोख से औलाद जन्मी हो
उसे मत बताना कि बरदाश्त करना किसे कहते हैं

सोचो वो कष्ट जो भीष्म पितामह को शर-शय्या पर मरने में हुआ था,
बदन की सारी हड्डियाँ एक साथ चटक जाएँ तो कितना दर्द होगा
बस वही दर्द तुम्हें पैदा करने में हुआ था।

□

माँ के हाथ

माँ का दिल ममता का मंदिर है,
मोहब्बत का ख़ज़ाना है
माँ का दिल ये है, माँ का दिल वो है
अरे छोड़ो भी ये फ़िल्मी बातें
किसने देखा है माँ का दिल?
मैंने तो नहीं देखा!
हाँ, उसके हाथ ज़रूर देखे हैं।

वही हाथ जो मेरे लिए रोटियाँ बनाते हुए कई बार तवे पर जले हैं
वही हाथ जो मेरी नन्ही उँगलियाँ थामकर बरसों-बरस चले हैं
मुझे लिखना सिखाते हुए जिन हाथों पर पेंसिल की कालिख चढ़ जाती थी
और मेरी शर्ट की बटन टाँकते हुए जिनमें सुई गड़ जाती थी

वही हाथ जो तकिया बनकर मेरे सिरहाने सोते थे
और मुझे एक थप्पड़ मारके ख़ुद दस बार रोते थे

देखो ज़रूरी नहीं है तुम्हारा श्रवण कुमार होना,
माँ के पैर आँसुओं से धोना,
पर जिन हाथों की झुर्रियाँ तुम पर क़र्ज़ हैं,
रोज़ सोने से पहले वो हाथ चूमकर सोना!

□

माँ भी कभी लड़की थी

जो हर वक़्त आस-पास रहे वो अकसर नज़र नहीं आता
माँ के साथ भी यही होता है
पता नहीं कब घर के किसी कोने में खो जाती है
वो इतना दिखती है कि दिखना बंद हो जाती है

तुमने आख़िरी बार उसे आँख भरके कब देखा था?

कब उसकी साड़ी या सूट की तारीफ़ की
कब उसकी चूड़ियों का रंग नोटिस किया
कब उसकी नेल पॉलिश पर अपनी राय दी?

आख़िरी बार कब कहा था, माँ जँच रही हो
बहुत प्यारी लग रही हो।

तुम क्या सोचते हो,
उसे सिर्फ़ तुम्हारा कमरा सजाना, तुम्हारा स्वेटर बुनना अच्छा लगता है?
माँ भी कभी लड़की थी दोस्त,
और हर लड़की की तरह उसे भी तारीफ़ सुनना अच्छा लगता है!

अभी देर नहीं हुई है, जाओ
तुम्हारी माँ से ख़ूबसूरत कोई लड़की हो नहीं सकती,
ये सच उसे आज और अभी बताओ!

□

फ़र्ज़

माँ के लिए तुम्हारा कुछ फ़र्ज़ बनता है
तुम कुछ करना चाहते हो उसके लिए, है न?

देखो कुछ और करो-न-करो पर इतना लिहाज़ ज़रूर करना
कि जिसने उँगली पकड़के तुम्हें चलना सिखाया
उसके आगे कभी अकड़के मत चलना,
जिसने तुम्हारी 'नैपियाँ' बदली हैं, उससे कभी 'नज़र' न बदलना!

बस इतना करना कि ज़िंदगी भर माँ को एक वजह उदासी की न मिले
सौ बहाने हँसी के हों,
और कभी उसको रुलाना तो ध्यान रखना कि वो आँसू ख़ुशी के हों

हम माँ के जितना तो कर ही नहीं सकते, ये सच है
वो तो आज भी यशोदा बन जाएगी
अब कहाँ मुमकिन है कोई बेटा कन्हैया बने,
माँ चले तो रास्ते के कंकड़ पलकों से चुने,
पर उसकी इतनी इज़्ज़त तो कर ही सकते हो
कि जिसने तुम्हारी 'तोतली बोली' सुनी है,
वो कभी तुम्हारी 'ऊँची आवाज़' न सुने!

□

तक़दीर

मैं कभी राशिफल नहीं देखता
किसी ज्योतिषी के पास नहीं जाता
कभी हाथ की रेखाएँ नहीं पढ़वाता

ऐसा नहीं कि मुझे आने वाले कल की फ़िकर नहीं है
किसी अनहोनी का डर नहीं है

बस मुझे पता है कि मेरी ज़िंदगी माँ की पलकों में बंद है
उसकी चमकती हुई आँखें देखके जान जाता हूँ,
मेरी तक़दीर बुलंद है!

□

मेरी माँ-मेरी वैलेंटाइन

उतारती है वो सदक़ा मेरा हज़ारों बार
मैं चिढ़ने लगता हूँ इतना सराहती है मुझे
पुराने वक़्त में जीती है मेरी माँ अब तक
बिना गुलाब दिए भी वो चाहती है मुझे।

□

शहीद की माँ

कल सरहद पर गोली चली, थोड़ा ख़ून बहा
और आज गाँव में एक ताबूत आया, तिरंगे में लिपटा हुआ

बाप की बूढ़ी छाती में दरारें पड़ गईं,
बहन की राखियाँ उजड़ गईं,
दुलहन की चूड़ियाँ टूटके कलाई में गड़ गईं
यारों का यार बिछड़ गया,
भाई का ग़ुरुर मर गया!

और माँ?
वो दरवाज़े तक नहीं आई,
अपने लाडले को आख़िरी बार सुलाने के लिए
एक लोरी तक नहीं गाई
हाथ उठाकर वतन के लिए दुआएँ माँगने लगी,
एक बेटे का ताबूत खोलने से पहले, दूसरे का सामान बाँधने लगी!

कुछ टूटी हुई हिचकियों ने सवाल किया तो बोली
जब तक जिऊँ, इस देश के काम आऊँ
एक शहीद की माँ कहलाने से अच्छा है
दो शहीदों की माँ कहलाऊँ!

□

भारत की माँएँ

माँ जहाँ कहीं भी है, उसको वंदन है,
वो दुनिया के जिस कोने में, जिस देश में है
उसका अभिनंदन है

पर हमारे भारतवर्ष की माँएँ,
अब क्या बताएँ,
एक-से-एक वीरांगनाएँ

एक वो, झाँसी की रानी
जिसने बेटे को पीठ पर बाँधकर अंग्रेजों के धागे खोल दिए,
एक जीजाबाई
जिसके इशारे पे छत्रपति शिवाजी महाराज ने
मुग़लों के ताज तलवारों पे तोल दिए
शकुंतला
जिसके पुत्र ने लड़कपन में ही शेर के दाँत गिनके
अपने शौर्य का ऐलान कर दिया,
और पन्ना
जिसने मेवाड़ का चिराग़ बचाने के लिए
अपनी कोख का दीपक दान कर दिया
कोई कहाँ तक गिनेगा, हम कहाँ तक गिनवाएँ
बस ये जान लो, भारत जैसी ही बेजोड़ हैं भारत की माँएँ!

□

एक्स्प्लोरर

बड़े-बड़े खोजी हुए हैं दुनिया में

किसी ने नाव पर चढ़के देश खोज निकाले,
किसी ने दूरबीन से तारे
गैलीलियो, कोलंबस, वास्को-डिगामा, मुझे नाम याद हैं सारे

चले गए!
आज अगर होते तो मेरी माँ से हार जाते

मेरा सीधा चैलेंज
एक ऐसा मंदिर खोज निकालो जहाँ माँ ने मेरे लिए माथा नहीं टेका,
एक ऐसी नदी जहाँ उसने मेरे नाम का सिक्का नहीं फेंका

लगा लो अपनी सारी दूरबीनें
और ढूँढ़ निकालो वो एक धाम
जिसकी ऊँचाई मेरी माँ की मन्नतों से ज़्यादा हो,
वो एक पेड़ जहाँ उसने मेरे नाम का धागा न बाँधा हो

ढूँढ़के बताओ वो एक दरगाह जहाँ माँ ने मेरे लिए फूल न चढ़ाए हों,
वो एक गुरुद्वारा जहाँ मेरे नाम के लंगर न खिलाए हों

होंगे बड़े-बड़े खोजी, बड़े-बड़े तीसमार खाँ
सच ये है कि दुनिया की सबसे बड़ी एक्स्प्लोरर का नाम है—माँ!

□

माँ का कमरा

बधाई हो, तुमने बड़ा घर ले लिया
और माँ को एक अलग कमरा भी दे दिया

तुम ये सोच के ख़ुश हो कि जहाँ लोग माँ को बरामदे में रखते हैं,
तुमने कमरे में रखा है
अच्छे बेटे हो तुम, शाबाश!

लेकिन ये बताओ, उस कमरे में तुम कितनी बार जाते हो?
कितना वक़्त माँ के साथ बिताते हो?

आख़िरी बार उसके साथ टी.वी. कब देखा था?
उसे वो बेकार के चुटकुले कब सुनाए थे?
और बिना सिर-पैर की बातों पर,
उसके साथ ठहाके कब लगाए थे?

कमरा देने से उसका हिसाब कैसे बराबर होगा
जिसका क़र्ज़दार है तुम्हारे ख़ून का एक-एक क़तरा
तुम्हारे वजूद का एक-एक रेशा,
9 महीने जिसने तुम्हें पेट में रखा
3 साल हथेलियों पर और ज़िंदगी भर दिल में
उसे कमरे में नहीं पलकों पे रखना मेरे दोस्त, हमेशा!

□

दीवाली

इस साल दीवाली पे गाँव नहीं जा पाया,
'अगले साल' चला जाऊँगा,
या 'अगली बार' माँ को ही शहर ले आऊँगा
देयर इज़ ऑलवेज़ अ 'नेक्स्ट टाइम', 'फिर कभी' सही

कुछ ग़लत नहीं सोचते हो तुम
ये कॅरियर बनाने की घड़ी है,
दीये जलाने के लिए तो पूरी ज़िंदगी पड़ी है

लेकिन ये जो शब्द ऐसे ही बोल जाते हो न
'अगले साल', 'अगली बार', 'नेक्स्ट टाइम', 'फिर कभी'
एक बार ठहर के इन शब्दों का खोखलापन सोचना

सोचना कि जिसने तुम्हें ज़रूरत से ज़्यादा दिया,
तुम उसे हक़ से भी आधा दे रहे हो,
जिसकी ज़िंदगी का सूरज एक-एक दिन
पश्चिम की ओर सरक रहा है
तुम उसे अगले साल का वादा दे रहे हो?

तुम्हारे कलेंडर पे बरसो-बरस बाक़ी होंगे,
माँ के दिन-महीने-साल खो चुके हैं,
कभी ग़ौर से देखना,
तुम्हें 'सोना-सोना' कहते, उसके बाल 'चाँदी' हो चुके हैं

अगला साल किसने देखा है यार!
ये वीकेंड माँ के साथ गुज़ारो
उसकी ख़ुशी से बढ़ के कोई ख़ुशहाली क्या होगी,
तुम्हें देख के माँ की आँखें चमक उठेंगी
इससे बड़ी दीवाली क्या होगी?

□

दूरबीन

आँखें तो हम सबके पास हैं, माँ के पास दूरबीन होती है
घर में कुछ खो जाए तो वो सिर्फ़ माँ को मिलता है
मेरा वॉलेट, मेरी बहन का रिबन,
बाबूजी की घड़ी, दादाजी की छड़ी, कुछ भी

लेकिन माँ कुछ छुपा के रख दे तो उसे कोई नहीं ढूँढ़ सकता
मैंने कोशिश की,
घर का एक-एक कोना छान मारा
लेकिन मुझे वो दुःख नहीं मिले
जो माँ ने कहीं हम सबसे छुपाकर रख दिए थे,
वो दर्द नहीं मिले,
जो किसी तहख़ाने में दबाकर रख दिए थे

एक-एक अलमारी झाँक ली
कहीं वो सपने नहीं मिले, जो हमें जोड़ने में टूट गए,
बिस्तर की एक-एक तह खोल दी
पर वो आँसू नहीं मिले, जो किसी तकिए के ग़िलाफ़ में गिरके सूख गए!

ये सब ख़ुफ़िया-पंथी ठीक है माँ,
जो छुपा दिया, छुपा दिया
मुझे कोई शिकायत नहीं है

लेकिन कभी तू छुप गई
तो मैं कैसे ढूँढ़ पाऊँगा,
मेरे पास तो सिर्फ़ आँखें हैं माँ
तेरे जैसी दूरबीन कहाँ से लाऊँगा?

□

जब तक माँ थी

माँ चली गई, कहीं बादलों के पार
उसका कमरा ख़ाली हो गया और उसका मंदिर सूना!

एक दिन पंडितजी को बुलाया,
माँ के मंदिर में दीया जलाया,
उनके लड्डू गोपाल को भोग लगाया,
जो-जो माँ करती थी, सबकुछ दोहराया

फिर पंडितजी ने कहा, पूजा संपूर्ण हुई,
अब अपने लिए जो माँगना चाहते हो, ईश्वर से माँग लो
क्या माँगता और कैसे माँगता?
पंडितजी को कैसे समझाता
कि मेरी आवाज़ को आसमान तक जाने की आदत ही नहीं पड़ी,
जब तक माँ थी
कभी अपने लिए कुछ माँगने की ज़रूरत ही नहीं पड़ी!

□

माँ की जगह

अजीब है मेरी माँ,
रंग बदलने में माहिर!

मैं उदास नज़र आऊँ,
तो दोस्तों जैसी हमदर्द बन जाती है
कोई ग़लती करूँ तो बाबूजी की तरह सख़्त,
और घबराऊँ तो बड़े भैया की तरह सरपरस्त

ये कैसा करिश्मा है
जो बाक़ी लोग नहीं कर पाते,
माँ अकेली हर रिश्ते की जगह भर देती है
पर दुनिया के सारे रिश्ते मिलके
एक माँ की जगह नहीं भर पाते!

□

जन्नत

सुना है कहीं एक जन्नत है, जहाँ दूध की नदियाँ बहती हैं
पेड़ों पर परियाँ रहती हैं

वहाँ कोई दुःख नहीं है, कोई दर्द नहीं है,
ख़ुशी पे कोई पहरा नहीं, हँसी पे कोई शर्त नहीं है

बिन बाती उजाला है, बिन बादल बरसातें हैं,
वहाँ रातों से मीठे दिन हैं, दिन से रौशन रातें हैं,
लेकिन ये सब सुनी-सुनाई बातें हैं!

और सुनी-सुनाई बातों का क्या भरोसा
ये दुनिया है कुछ भी कहती है,
आसमानों में जन्नत क्या ढूँढ़ना यार
बग़ल वाले कमरे में झाँक लो, जहाँ माँ रहती है!

□

क़र्ज़दार

माँ, बड़े-बड़े सपने देखे हैं मैंने

एक दिन मैं बुलंदियों की तसवीर बनूँगा,
शोहरतों की नज़ीर बनूँगा,
बहुत कामयाब, बहुत अमीर बनूँगा

लेकिन ये सब तेरे किस काम का ?

दुनिया का सबसे बड़ा दौलतमंद बन गया
फिर भी तेरा क़र्ज़दार रह जाऊँगा,
मेरी नज़र उतारके तूने जो गंगा में फेंक दिए
वो सिक्के तुझे कभी नहीं लौटा पाऊँगा !

□

ख़ुदा बेरोज़गार हो गया

'ख़ुदा हर जगह मौजूद नहीं रह सकता था, इसलिए उसने माँ बनाई',
सैकड़ों बार सुनी है ये अधूरी कहानी
पूरी तो आज तक किसी ने नहीं सुनाई

आज मैं सुनाता हूँ

ऐसा नहीं कि माँ को बनाकर ख़ुदा बहुत ख़ुश हुआ,
उसने कोई जश्न मनाया,
सच तो ये है कि वो बहुत पछताया,
कब उसका एक-एक जादू किसी और ने चुरा लिया
वो जान भी नहीं पाया

ख़ुदा का काम था मोहब्बत—वो माँ करने लगी
ख़ुदा का काम था हिफ़ाज़त—वो माँ करने लगी
ख़ुदा का काम था बरकत—वो भी माँ करने लगी

देखते-ही-देखते
उसकी आँखों के सामने कोई और परवरदिगार हो गया,
वो बहुत मायूस हुआ, बहुत पछताया
क्योंकि माँ को बनाकर ख़ुदा बेरोज़गार हो गया!

□

जासूस

एक दिन सवेरे–सवेरे मैं सोके उठा तो मेरी आँखें लाल थीं
माँ ने पूछा 'क्या हुआ'
मैंने कहा 'कुछ नहीं, देर रात तक पढ़ता रहा,
नींद पूरी नहीं हुई शायद इसलिए'
माँ का अगला सवाल, 'कौन है वो लड़की?'

फिर कलेंडर पे दिन–महीने–साल बदले
माँ ने भी अपना घर बदल लिया
लेकिन मेरी ज़िंदगी में कुछ ख़ास नहीं बदला

वक़्त के हाथों दिल आज भी टूटता है
आँखें आज भी लाल होती हैं
बस वो दीया बुझ गया घर में उजाला था जिसके होने से,
वो जासूस चला गया जो आँखें देखकर जान लेता था
ये कम सोने से लाल हुई हैं, या ज़्यादा रोने से!

□

झूठी

एक प्लेट में मिठाई के दो टुकड़े
तीन लोगों का परिवार,
'मुझे मीठा अच्छा नहीं लगता'
माँ यही कहती थी हर बार

पूरा बचपन मैंने उसके झूठ पर यक़ीन किया
जैसे "मुझे बाहर खाना पसंद नहीं,
सिनेमा जाना पसंद नहीं
काँच तो सुहागन का शगुन है
सोने की चूड़ियाँ क्या करूँगी ?,
संदूक में सैकड़ों भरी हैं, नई साड़ियाँ क्या करूँगी ?"

वो उतना ही मुसकराई जितना उसका दिल दुखा है,
दुनिया की सबसे बड़ी झूठी है वो
पर कायनात का हर सच उसके आगे सजदे में झुका है !

□

वक़्त नहीं था

बहुत मसरूफ़ हो तुम!

घर–दफ़्तर–कारोबार,
और सबसे फ़ुरसत मिली तो दोस्त–यार
ज़िंदगी पहियों पर भागती है,
ठहर के ये सोचना मुश्किल है कि
माँ आज भी तुम्हारे इंतज़ार में जागती है!

सुनो, आज दो घड़ी बैठो उसके साथ,
पूछो, कैसे हुई थी पापा से पहली मुलाक़ात?
दोहराओ उसके गुज़रे ज़माने,
बजाओ किशोर कुमार के गाने।

जो करना है आज करो!

कल सूरज सर पे पिघलेगा तो याद करोगे
कि माँ से घना कोई दरख़्त नहीं था,
इस पछतावे के साथ कैसे जिओगे
कि वो तुमसे बात करना चाहती थी
और तुम्हारे पास वक़्त नहीं था!

□

माँ और रोटी

माँ जब रसोई से रोटियाँ लाए,
और अपने हाथ से खिलाए
तो प्यार से खाना,
एक-एक टुकड़ा बड़े सुकून, बड़े क़रार से खाना

ख़ुशनसीब हो तुम
वरना ज़िंदगी सब पे यूँ मेहरबाँ नहीं है,
ज़रा देखो अपने चारों तरफ़
किसी के पास रोटियाँ नहीं हैं,
और किसी के पास माँ नहीं है!

□

माँ की कमियाँ

माँ 'परफ़ेक्ट' होती है, 'पूर्ण' होती है, 'कंप्लीट' होती है
वो एक बेदाग़ आईना है, जिस पर कभी कोई धूल जमी नहीं,
सब में कमियाँ हो सकती हैं, पर माँ में कोई कमी नहीं!

ये बात सुनने में अच्छी तो है पर सच्ची नहीं है

बहुत सुन ली हमने माँ की तारीफ़ें, आज उसकी कमियाँ सुनो,
एक-दो नहीं कई हैं, मैं गिनवाता हूँ, गिनो!

माँ की पहली कमी—'झूठ'

लोरियाँ गाते हुए किसने कहा था कि चाँद में परियाँ रहती हैं,
और आसमान में दूध की नदियाँ बहती हैं

और, "मैं अपनी साड़ियों की जगह तेरी जैकेट ले आई
क्योंकि आज साड़ी वाली दुकान बंद है,
मेरा चाँदी-सोना तो तू है
मुझे ये कंगन-वंगन कहाँ पसंद हैं!"

"आठ बज गए, अच्छे बच्चे इतनी देर तक नहीं सोते हैं,
घड़ी देखो तो सात बजे होते हैं"

झूठ पे झूठ, झूठ पे झूठ!

और ये सोने–जागने से याद आया
माँ का लालच!

एग्ज़ाम के दिनों में हम रात भर पढ़ते जाएँ,
और बहुत ज़्यादा मार्क्स आएँ
इस लालच में वो ख़ुद भी सारी रात जागती है,
माँ बहुत लालची है।

चोरी!
मेरी पिकनिक के लिए पापा की जेब से पैसे किसने चुराए थे?

धोखा!
हर दु:ख अकेले सह लेती है,
और उसकी मुसकराहट हर बार हमें धोखा दे देती है!

हम उदास न हो जाएँ
इसलिए माँ की धोखेबाज़ आँखों में कभी नमी नहीं होती,
इतनी कमियाँ तो गिनवा दीं,
फिर मत कहना कि माँ में कोई कमी नहीं होती।

□

ज़िंदगी न मिलेगी दोबारा

ज़िंदगी दो बार नहीं मिलती
जब तक साँस है जमके जियो, अपने लिए जियो

ये ज़रा सी बात कभी मेरी माँ को समझ नहीं आई,
मेरे कुछ सवालों के जवाब वो कभी नहीं दे पाई

मैं पूछता रह गया
माँ, मेरे बाद तूने अपने लिए कब भगवान् से कुछ माँगा था?
कौन से पेड़ पर अपने लिए मन्नत का धागा बाँधा था?
कौन सी दरगाह पर अपने लिए चादर चढ़ाई थी?
और कौन से चर्च में अपने लिए मोमबत्ती जलाई थी?
कौन सी नदी में अपने लिए सिक्का फेंका था?
कौन से गुरुद्धारे में अपने लिए मत्था टेका था?

तू इस दुनिया में अमर होके तो नहीं आई थी,
तूने भी तो एक ही ज़िंदगी पाई थी

एक बार तो अपने लिए जीने का स्वाद चख लेती,
सारी दुआएँ मुझ पर ख़र्च कर दीं माँ
कुछ तो अपने लिए रख लेती!

□

माँ की छुट्टियाँ

माँ का बड़ा ख़याल रखते हो तुम
अच्छी बात है, रखना भी चाहिए
उसे कोई काम करने की ज़रूरत क्या है,
घर पे नौकर-चाकर हैं

तुमने कह दिया है, तो माँ किचन में भी नहीं जाती है,
और क्यों जाए, दिन में दो बार खाना बनाने वाली आती है

तुम्हारे कपड़े भी इस्तरी के लिए बाहर जाते हैं
उस काम से भी माँ को छुट्टी

पर किसने माँगी थी ये छुट्टी ?
माँ ने ? कब ?
यार, ये भी कोई बात हुई कि
इनसान को शेल्फ़ में सजाकर रख दो,
ऐसा भी क्या ख़याल रखना कि
माँ को फ़र्नीचर बनाकर रख दो

जब तुम शर्ट के बटन बंद करना नहीं जानते थे,
हर चीज़ उठाकर मुँह में रख लेते
टॉफ़ी और टॉय में फ़र्क़ नहीं पहचानते थे
उस वक़्त माँ बहुत मसरूफ़ थी लेकिन बहुत ख़ुश थी।

उसकी आँखों में झाँक के पढ़ लेना
उसे तुम्हारी ज़िंदगी में वही पहले वाली जगह चाहिए,
वो तुमसे कहेगी नहीं, पर तुम्हारी माँ को जीने की वजह चाहिए

छोड़ो उसका ख़याल रखना, सताओ उसे,
अपने पीछे-पीछे भगाओ उसे
गोभी के अचार बनवाओ,
नए-नए स्वेटर बुनवाओ,
असली अमीरी का मज़ा लो,
उसके आँचल से पैसे चुराओ और उसकी डाँट खाओ

कुछ भी करना पर माँ को छुट्टी मत देना

तुम्हें बड़ा करना एक मुफ़्त की नौकरी थी
उसने सारे सुख उसी नौकरी में पाए थे,
माँ की छुट्टियाँ उसी दिन ख़त्म हो गई थीं
जिस दिन तुम गोद में आए थे!

□

मैं माँ के साथ रहता हूँ

सैकड़ों नंबर्स हैं मेरी फ़ोन-बुक में, तमाम रिश्ते हैं मेरे पास
लेकिन दुनिया में हर किसी से फ़र्ज़ का रिश्ता है
और माँ से दर्द का रिश्ता है

यही एक रिश्ता है जिसका जोड़ इस धरा पर कोई नहीं,
मेरी माँ के बराबर कोई नहीं!

मैंने पूरी ज़िंदगी न कोई व्रत किया, न उपवास रखा,
फिर भी भगवान् मुझसे ख़ुश है क्योंकि
मैंने अपनी माँ को हमेशा अपने पास रखा

मेरे दोस्त कहते हैं 'तू बड़ा क़िस्मत वाला है
तेरे घर में ममता की गंगा बहती है
तेरी माँ तेरे साथ रहती है'

जो घर की नेम-प्लेट से धोखा खा गए
कोई उनको कैसे समझाए,
आज तक कोई बेटा इतना बड़ा नहीं हो पाया
कि माँ को साथ रख पाए

मैं किसी ग़लतफ़हमी में नहीं जीता
हर दिन, हर रोज़ अपने आप से कहता हूँ,
माँ मेरे साथ नहीं रहती, मैं माँ के साथ रहता हूँ।

□

काफ़ी है

मैं एक आम सा लड़का हूँ, बहुत मामूली
कुछ अलग नहीं है मुझमें
लेकिन ये बात मेरी माँ को कौन समझाए

मेरी तारीफ़ यूँ करती है
जैसे मैं किसी मंदिर में रखी हुई मूरत हूँ
मेरे माथे पर काजल का टीका यों लगाती है,
जैसे मैं दुनिया में सबसे ख़ूबसूरत हूँ

मुझे रब ने रियासतें नहीं दीं, बादशाहतें नहीं दीं
पर उसको माफ़ी है,
मैं अपनी माँ का राजा बेटा हूँ,
बस यही काफ़ी है!

□

माँ के आँसू

एक दिन मैं भगवान् से उलझ पड़ा

'तुझे तेरी दया, कृपा और करम का वास्ता,
मैं अपनी माँ के अहसान उतार दूँ
दिखा कोई ऐसा रास्ता।'

भगवान् ज़ोर से हँसा और बोला—
'उसका अहसान चुकाओगे
जिसके सपने तुम्हारी आँखों में खो गए,
शायद तुमने सुना नहीं
माँ के एक आँसू का मोल चुकाने में
बादशाहों के ख़ज़ाने ख़ाली हो गए!'

□

माँ बनना आसान होता तो

माँ, माँ, माँ और सिर्फ़ माँ
ये तो बाबूजी के साथ ज़्यादती हुई

ऐसा थोड़ी है कि सबकुछ माँ ने ही किया है,
हमने जो माँगा बाबूजी ने लाकर दिया है।

अब ये बाबूजी की ग़लती थोड़ी है कि
उनके सीने में दिल धड़कता है
और माँ के सीने में आकाश!

बाबूजी प्यार करना जानते हैं और माँ जान देना जानती है

बाबूजी मेरी ख़ातिर दुनिया 'ख़रीद' सकते हैं
और माँ मेरे लिए अपने ख़ून का एक-एक क़तरा 'बेच' सकती है

बाबूजी मेरे लिए भगवान् के पैरों में गिर जाते हैं
माँ थोड़ा और आगे बढ़ जाती है,
वो मेरे लिए भगवान् से लड़ जाती है

बाबूजी को दोष मत दो
अपने बस में होता
तो ज़मीन के तमाम ज़र्रे आसमाँ बन चुके होते,
माँ बनना इतना आसान होता
तो बाबूजी कब के माँ बन चुके होते!

□

मदर्स डे

ये क्या बात हुई कि माँ को तोहफ़े देने के लिए
हम साल भर मदर्स डे का वेट करेंगे,
जिसने ज़िंदगी हमारे नाम लिख दी
क्या हम उसे तारीख़ देखके सेलिब्रेट करेंगे?

माँ सिर्फ़ एक इनसान नहीं, एक उत्सव है
ये उत्सव हर रोज़ मनाओ,
हर दिन उसका कमरा फूलों से
और उसका दिल प्यार से सजाओ

आठ सौ करोड़ की आबादी वाली इस दुनिया में
कोई माँ की तरह नहीं है,
सोने के लिए उसकी गोद
और रोने के लिए उसका कंधा
इससे बेहतरीन कोई जगह नहीं है।

माँ वो दौलत है, जो हमने बिन माँगे पाई है
वो बरकत है, जो बिन बुलाए आई है
हर दिन, हर लम्हा 'मदर्स डे' मनाओ,
क्योंकि 'एक तरफ़ है ये जग सारा,
एक तरफ़ मेरी माई है!'

□

क़सम

मैं बहुत ताक़तवर हूँ और बहुत कमज़ोर,
माँ के साथ कुछ और, माँ के बिना कुछ और

उसके पास होता हूँ तो बड़ी-बड़ी बलाओं से डर नहीं लगता,
इनसान तो क्या ख़ुदाओं से डर नहीं लगता
लेकिन उससे दूर होता हूँ तो फ़ोन की रिंग डरा देती है

काँप उठता हूँ ये सोचकर कि
जो सबसे क़ीमती है वो खो तो नहीं गया,
कहीं माँ को कुछ हो तो नहीं गया

माँ मैं जानता हूँ, तू हमेशा तो साथ नहीं रहेगी
लेकिन आज एक क़सम दे रहा हूँ
ये क़सम ज़रूर निभाना,
तेरे दूध की जितनी बूँदें
मेरे बदन में लहू बनकर दौड़ रही हैं
बस उतने बरस जी ले, फिर चली जाना!

□

भाग–2

बाबूजी

यार पापा

यार पापा,
बड़े बेदर्द थे आप!
बचपन में चलते-चलते मैं गिर जाता
तो माँ गोद में उठा लेती
और आप, गोद से खींचके वापस ज़मीन पर उतार देते
कहते, 'मज़बूत बनो'

स्कूल का पहला दिन
पहली बार मैं अजनबी लोगों के बीच अकेला था
इतना रोया कि चार दिनों तक आँखें लाल रहीं
चुप कराने की जगह आप वही रटते रहे
रोना बंद करो, 'मज़बूत बनो'

जब पार्क में झूले से गिर पड़ा
मेरी चोट की तरफ़ आपने एक नज़र देखा भी नहीं
वही पुराना टेप चला दिया
'मज़बूत बनो'

बहुत सुन लिया मैंने,
मज़बूत बनो, मज़बूत बनो, मज़बूत बनो,
अभी आप मेरी सुनो

इस दुनिया में तब तक रहना
जब तक मैं जाने के लिए न कहूँ,
तब तक आँखें खोले रखना
जब तक मैं सामने दिखता रहूँ

यार पापा! कैसे समझाऊँ,
मैं इतना 'मज़बूत' कभी नहीं बन पाया,
कि तुम्हारे बग़ैर जी पाऊँ!

□

मेरे पापा काफ़ी हैं

बहुत छोटी थी मैं,
जब खिलौनों की दुकान से पापा मेरे लिए एक 'क्राउन' ले आए थे
वो क्राउन पहनकर मैं 'क्वीन' की तरह इतराती,
डिब्बे जैसा अपना कमरा, 'पैलेस' जैसा सजाती

फिर मैं बड़ी हो गई
मेरे सपनों का जादुई नगर पीछे छूट गया,
और वो क्राउन भी हाथ से गिर के टूट गया

बरसो-बरस बीत गए
लेकिन आज भी पापा मुझे ऐसे देखते हैं
जैसे उस क्राउन के कुछ टुकड़े
मेरे माथे पर अभी तक बाक़ी हैं,
मुझे शहज़ादी होने के लिए
किसी बादशाह की ज़रूरत नहीं,
मेरे पापा काफ़ी हैं!

□

तुमने कमाया क्या ?

मैं बड़े अच्छे स्कूल में पढ़ता था,
और इसी बात से रोज़ चिढ़ता था,

मेरे दोस्त लंबी-लंबी गाड़ियों में आते,
मेरी तरह टिफ़िन के पराँठे नहीं, कैंटीन के समोसे खाते,
कुछ तो साल में दो बार फ़ॉरेन में छुट्टियाँ भी मनाते

किसी के डैडी डॉक्टर, किसी के पॉलिटिशियन,
किसी के आला अधिकारी,
और मेरे, एक सरकारी दफ़्तर में तीसरे दर्जे के कर्मचारी

एक दिन मैं फट पड़ा,
ये क्या है यार पापा!
आप सबकी तरह पैसेवाले क्यों नहीं हो ?

पापा कुछ बोले नहीं,
दो शब्द भी नहीं कहे,
बस भरी-भरी आँखों से मेरी ओर देखते रहे
वो आँखें हमेशा के लिए मेरे चेहरे पर छप गईं

मैंने जो ग़लती की तुम मत दोहराना,
मौसम का हाल उसे मत सुनाना
जो तुम्हारे लिए रोज़ भागता रहा
सर्दी क्या, गरमी क्या, धूप क्या, छाया क्या,
जिसकी ज़िंदगी भर की कमाई तुम हो,
उससे मत पूछना, कि तुमने कमाया क्या ?

□

माय डैडी इज़ द बेस्ट

'माय डैडी इज़ द बेस्ट',
तो जो बेस्ट था,
हमने उसके साथ क्या किया?
माथे पर सुपरहीरो वाला टैग चिपका दिया

और सुपरहीरो तो कुछ भी कर सकता है
उससे थोड़ी पूछते हैं
कि आज मुश्किलों के कितने परबत पार किए?
हमारी एक शर्ट सिलवाने में
अपने कितने कुर्ते तार-तार किए?

उससे थोड़ी पूछते हैं कि हमारी ज़िदें पूरी करने के लिए
कितने दिन ओवरटाइम करते हुए गुज़ार दिए,
हमारे बचपन की एक मुसकराहट 'जीतने' में
अपनी जवानी के कितने बरस 'हार' दिए

और वो बुख़ार वाली रातें
हमारी फ़िकर में सिर्फ़ माँ थोड़ी जागती थी
कच्ची नींद में सोते तो पापा भी थे,
किसी की नज़र नहीं गई
पर रोते तो पापा भी थे

पापा वो धुन हैं जो कभी गाई ही नहीं गई
एक बार इस धुन पर झूम के देखो,
रोटियाँ पकाने वाले हाथों को सौ बार सलाम
लेकिन एक बार
सिर्फ़ एक बार रोटियाँ कमाने वाले हाथ चूम के देखो!

□

सबसे बड़ा धनवान

मैंने सुना है अरब में एक शेख़ है
जो सोने की बनी हुई मोटरकार से चलता है,
ब्रुनेई का सुल्तान,
उसके आँगन में तो पैसों का पेड़ फलता है!

ऐसे-ऐसे लोग हैं, जिनकी
नेट वर्थ 100 बिलियन डॉलर पार कर चुकी है,
लोगों के पास इतने पैसे हैं
कि रखने के लिए बैंक में जगह नहीं बची है

लेकिन अमीरों की लिस्ट में अब भी
पहले नंबर पर मेरे बाबूजी जमे हुए हैं

मेरे बाबूजी जैसा आलीशान और कौन होगा?
जो पैंट की फटी हुई जेब में हाथ डालकर बोले,
'मेरे बेटे को जो चाहिए, मिलेगा'
उससे बड़ा धनवान और कौन होगा?

□

मेरा बाप ज़िंदा है

मैं डरता नहीं
किसी मुश्किल, किसी चुनौती,
किसी आफ़त से नहीं डरता

मैं जानता हूँ, अगर मेरे पैरों में दुःख का काँटा गड़ जाएगा,
अगर मेरा वक़्त बिगड़ जाएगा,
तो कोई है जो मेरे लिए भगवान् से भी लड़ जाएगा

जब तक वो झुर्रियों भरे हाथ मेरे सर पे हैं
मेरा ग़ुरूर ज़िंदा है, मेरा रु'आब ज़िंदा है,
क़यामत भी आ जाए तो मेरा क्या बिगाड़ेगी
अभी मेरा बाप ज़िंदा है!

□

बाबूजी ख़र्च हो गए

शहर में बड़ी–बड़ी दुकानें थीं
खिलौनों, कपड़ों और किताबों से भरी,
और मेरे बाबूजी की एक छोटी सी नौकरी

वो बरसों अपने लिए नया कुर्ता नहीं सिलवा पाए
पुराना फटता और सिल जाता,
पर कपड़े, खिलौने, किताबें,
मैं जो भी माँगता, मुझे मिल जाता

कुछ क़िस्से हैं जो हमेशा के लिए दिल पे दर्ज हो गए,
मैं कभी नहीं भूल पाऊँगा
कि मेरी ख़ुशियाँ ख़रीदने में मेरे बाबूजी ख़र्च हो गए!

□

मेरे पापा

बहुत प्यार है मुझे अपनी माँ से,
लेकिन पापा के बिना मैं ऐसा ही हूँ
जैसे कोई परिंदा बिछड़ जाए अपने आसमाँ से

मेरे पापा
ज़रूरतों की ज़मीन पर पेड़ की तरह गड़े रहे,
पैरों में 'सौ दरारें' थीं
फिर भी घर की 'चार दीवारें' थामे खड़े रहे

मेरे पापा
वो महानायक, जिसके त्याग को समय की गवाही नहीं मिली,
माँ के हिस्से में करोड़ों पन्ने आ गए
और पापा की क़ुर्बानियाँ लिखने के लिए
इतिहासों को स्याही नहीं मिली!

जिसने हमारी गुल्लक में सपने भरे
क्या हम उसको बाँहों में भी नहीं भर सकते?
एक वीकेंड पापा के साथ सिनेमा, डिनर या ड्राइव
क्या हम इतना भी नहीं कर सकते?

आँखों का मक़सद पूरा नहीं होता
जब तक हमारे आँसू पापा के लिए बहना नहीं सीख जाते
'माँ तुझे सलाम' अधूरा है
जब तक हम 'पिता तुझे प्रणाम' कहना नहीं सीख जाते।

□

पापा

'PAPA'
चार लैटर्स का एक मामूली सा शब्द!

इसमें वो ड्रामा नहीं जो 'बाप' में है
वो गहराई नहीं जो 'बाबूजी' में है
वो शुद्धता नहीं जो 'पिताजी' में है

लेकिन कुछ तो है,
कि ये मामूली सा शब्द सुनते ही
मैं ख़ुद को बदला हुआ सा पाता हूँ,
बस कोई याद दिला दे कि
'पापा' मुझे अपना ग़ुरूर कहते हैं
फिर तो मैं हवाओं से शर्त लगा के
दौड़ता हूँ, और जीत जाता हूँ!

□

डर नहीं लगता

हज़ारों मुश्किलों से लड़ रहा हूँ मैं अकेला ही
दुआएँ साथ हों जिसके उसे लश्कर नहीं लगता,
मेरे बाबूजी बूढ़े हैं मगर अब भी ये आलम है
वो मेरे पास होते हैं तो मुझको डर नहीं लगता!

□

हवाई चप्पल वाला हीरो

मेरे पापा बड़े सीधे-सादे हैं

ऐसी बेफ़िक्री,
कि गरमी में स्वेटर ख़रीद लें और सर्दी में छतरी
लड़ना-झगड़ना भाता नहीं,
और ग़ुस्सा कभी आता नहीं

लेकिन कोई मेरे साथ कुछ ग़लत कर दे
तो बंदे का करैक्टर बदल जाता है,
'जेंटल-मैन' के अंदर से
दहाड़ता हुआ 'ही-मैन' निकल आता है

हवाई चप्पल वाला हीरो देखना है ?
मेरे पापा को उस वक़्त देखो
जब मैं मुश्किल में हूँ
मुझे बचाने के लिए
वो सुपर-सॉनिक स्पीड से दौड़ सकते हैं,
लोहे की दीवार तोड़ सकते हैं,
बात मुझ पे आ जाए
तो वो झुर्रियों भरे हाथ सलाख़ें मोड़ सकते हैं

मैं फ़ौलाद की औलाद,
हर दुःख से महफ़ूज़, हर दर्द से आज़ाद,
दुनिया मंदिर जाए या मसजिद, मुझे क्या
मेरे लिए मेरा 'हवाई चप्पल वाला हीरो' ज़िंदाबाद!

□

मेला

बाबूजी, तुम्हारी दुआएँ लग गईं मुझे
मैंने कामयाबियाँ देखीं, शोहरतें देखीं,
तमाम ऐशो-आराम और राहतें देखीं

सच कहूँ, तो ज़िंदगी ने मुझे सबकुछ दिखाया,
पर तुम्हारे कंधे पर बैठकर जो मेला देखा था
वैसा मज़ा दोबारा नहीं आया!

□

सच्चा दोस्त

कभी-कभी हज़ारों से मिलना पड़ता है
ये जानने के लिए कि हमारे दुःख-दर्द में शरीक कौन है,
बहुत दूर जाना पड़ता है ये समझने के लिए
कि हमारे नज़दीक कौन है

बाबूजी, आज मेरे सैकड़ों दोस्त-यार हैं,
सब मेरे सुख-दुःख में साझेदार हैं,
लेकिन सिर्फ़ तुम हो
जो मेरे लिए दोनों बाज़ू कटवा के भी
अहसान का एक लफ़्ज़ नहीं कहोगे,
मेरे सबसे सच्चे दोस्त तुम हो, और तुम्हीं रहोगे!

□

पापा की घड़ी

मेरे पापा के पास एक घड़ी थी,
जो उमर में मुझसे भी बड़ी थी

चेन पर कभी सोने की पॉलिश रही होगी
फिर अंदर से लोहा झाँकने लगा,
और उसका डायल,
वक़्त के साथ वो भी धूल फाँकने लगा!

मेरा कोई दोस्त घर आता,
तो पापा की कलाई पर वो घड़ी देखकर तंज़ से मुसकराता,
और मैं शर्मिंदा हो जाता

कई बार समझाया, 'पापा अब तो घड़ी बदल लो'
लेकिन हर बार हँसके टाल देते
हद तो मेरे कन्वोकेशन में हो गई!
पापा वही तीस बरस पुरानी घड़ी
कलाई पर पहनकर कॉलेज आ गए
उस दिन मैं उबल पड़ा

'पता नहीं आपकी कोई इज़्ज़त है या नहीं,
मेरी है, उसका तो ख़याल कर लेते,

आज तो घड़ी बदल लेते'
पापा ने कुछ नहीं कहा,
चुपचाप स्कूटर में किक लगाई और चले गए

उस रात मुझे एक अजीब सा ख़्वाब आया
पापा की वही तीस बरस पुरानी घड़ी,
मेरे सपने में आई और बोल पड़ी—
'नाराज़ न हो बेटा!
तेरा वक़्त अच्छा रहे
इसलिए मेरा बदलना बार-बार टलता रहा,
वो अपने शौक़ कैसे पूरे करता
जो तेरे सपनों के हवन-कुंड में
आहुति बनके जलता रहा
मुझे दुःख है कि उसने तेरी इज़्ज़त का ख़याल नहीं किया,
तेरा दिल तोड़ दिया,
पर क्या कहूँ!
जिस दिन उसने तेरी उँगली थामी
उसी दिन अपनी कलाई की ओर देखना छोड़ दिया!'

□

दुआओं वाला तावीज़

कभी सुख, कभी दुःख, हवाएँ दोनों तरफ़ से बहेंगी,
मुसीबतें आती हैं, आती रहेंगी
लेकिन मैंने अपनी सारी मुसीबतों के नाम
एक ख़त लिख दिया है
जब पापा घर पे न हों तभी आना, वरना पछताओगी,
मुझसे पहले मेरे पापा से टकराओगी,

बाप 'दुआओं वाला तावीज़' है,
उससे टकराके चट्टानें टूट जाती हैं,
मुसीबत क्या चीज़ है ?

□

पापा का संदूक

मेरा और पापा का रिश्ता बड़ा चुपचाप सा रहा,
न मैंने ज़्यादा कुछ सुना, न उन्होंने ज़्यादा कुछ कहा

याद करने के लिए न कोई मैलोड्रामा, न प्यार भरी बातें
न दिल को छू लेने वाले पल,
न कोई धूम, न हलचल
पापा कुछ बोलते ही नहीं थे

एक दिन मैं बोल पड़ा
यार पापा, आप पत्थर की दीवार से टक्कर ले सकते हो
चौबीस घंटे ज़ुबान पर ताला मारके रखते हो

फिर भी कोई जवाब नहीं आया
और ऐसे ही एक दिन चुपचाप,
बिना कुछ बोले वो बादलों के पार चले गए
कई बरस बाद एक दिन मुझे पापा का वो संदूक मिला
जो पुरानी लकड़ी का बना था,
और जिसे हाथ लगाना हम सबके लिए सख़्त मना था

वो संदूक खोला तो क्या निकला?
काग़ज़ की नावें, पेपर प्लेंस, टूटी हुई पेंसिलें,
स्टोरी बुक्स, और कुछ टेढ़ी-मेढ़ी लकीरों वाली ड्रॉइंग्स!

जिसके प्यार पर मैंने शक़ का परदा डाल रखा था,
उसी ने मेरा पूरा बचपन एक संदूक में सँभाल रखा था
मैंने समझने में बहुत देर कर दी
कि हर अहसास लफ़्ज़ों में नहीं उतरता है
जिसे बताना नहीं आता, जताना नहीं आता, दिखाना नहीं आता
दुनिया में सबसे गहरा प्यार वही करता है!

□

पिता ज़िंदा रहता है

ऐसी भी क्या जल्दी थी बाबूजी
थोड़े दिन और रहके जाते,
कुछ मेरी सुनके जाते, कुछ अपनी कहके जाते

इतना कुछ था इस दुनिया में
फिर क्यों कोई और दुनिया पसंद कर ली,
अभी मैंने ठीक से आँखें खोलीं भी नहीं
और तुमने बंद कर लीं!

क्या तुम इतना भी नहीं जानते थे
कि तुम्हारी पलकों तले बुझने वाली आँखें मेरी होंगी,
तुम्हारी साँसों में टूटने वाली साँसें मेरी होंगी।

बहुत पढ़े-लिखे थे तुम
तो तुम्हें इस बात का पता क्यों नहीं चला,
कि आज तक कोई बाप चिता की आग में नहीं जला
पिता तो याद बनके ज़िंदा रहता है
गंगाजल की अस्थियों में हर बार कोई बेटा बहता है!

□

वैसी अमीरी फिर नहीं देखी

किताबों में पढ़ा था
'जितनी चादर, उतने पाँव फैलाओ,
अपनी हदों से बाहर मत जाओ'
लेकिन मेरे पापा, मेरी ख़ुशी के लिए दुनिया की हर चीज़ ले आते,
मैं चाँद माँग लेता तो आसमान से चाँद खींच ले आते

कभी प्रोविडेंट फ़ंड से लोन लिये,
कभी फ़िक्स डिपॉज़िट्स तोड़ दिए,
जब-जब मेरी चादर छोटी पड़ी
पापा ने उसमें अपनी फटी हुई क़मीज़ के धागे जोड़ दिए!

मैं बड़ा हुआ,
अपने पैरों पर खड़ा हुआ
बहुत पैसे कमाए मैंने

लेकिन वो परफ़्यूम्स नहीं ख़रीद पाया
जो मेरे पापा अपने पसीने से महकाते थे,
वो जूते नहीं पहन पाया
जो पापा अपने पैरों के छाले बेचके मेरे लिए ले आते थे!

वैसे समोसे फिर नहीं चखे
जो दफ़्तर से घर आते हुए वो लाया करते थे
वैसा सिनेमा फिर नहीं देखा
जिसके टिकट्स वो ओवरटाइम करके कमाया करते थे!

अच्छा वक़्त आया, क़िस्मत ने मेरे पैरों तले क़ालीन बिछा दी,
पर वैसी अमीरी फिर नहीं देखी
जो पापा ने दो हज़ार की सैलरी में दिखा दी!

□

शेर बच्चा

दुनिया के आगे दिल खोलकर रख दो
फिर भी वो दिल का दर्द कहाँ देख पाती है,
और पापा के लिए फ़ोन पर बस एक उदास 'हेलो' काफ़ी है

वो मेरी आवाज़ की दरारें पहचान जाते हैं,
जो मैंने कहा नहीं वो भी जान जाते हैं
और फिर फ़ोन से एक आवाज़ आती है
'घबरा मत, तू मेरा शेर बच्चा है!'

'शेर बच्चा'!
इससे बड़ा झूठ कोई हो सकता है क्या?
लेकिन कोई तो जादू है इस झूठ में
कि मेरी नसों में बिजलियाँ कड़क उठती हैं,
मेरा रोम-रोम दहाड़ उठता है
मेरे सीने में हिम्मतें धड़क उठती हैं

मैं वक़्त से ये बोल के लड़ जाता हूँ
'तू होता कौन है मुझे डराने वाला,
मेरी बाजुओं पर 'पिता' नाम का तावीज़ बँधा है
कोई पैदा नहीं हुआ मुझे हराने वाला!'

□

सबक़

वो जो किताबों में लिखा है,
'माता-पिता बच्चे के पहले गुरु होते हैं'
मेरे पापा ने इस बात को कुछ ज़्यादा ही सीरियसली ले लिया,
चलते-फिरते ट्रेनिंग इंस्टीट्यूट बन गए
मुझे एक दिन भी चैन से नहीं बैठने दिया

पहला चलना सिखाया, फिर दौड़ना,
उसके बाद लिखना, पढ़ना और बोलना
कभी साइकलिंग, कभी स्विमिंग, कभी फ़ुटबॉल,
रोज़ एक नया बवाल!

फिर मेरा बचपन गुज़र गया और पापा की जवानी

अब पापा मेरी साइकल के पीछे दौड़ते नहीं,
उम्र के उस पड़ाव पर खड़े हैं
जहाँ डॉक्टर भी ज़्यादा कुछ बोलते नहीं

और मैं, मैं रोज़ किसी अनहोनी के ख़ौफ़ से भरा रहता हूँ
रोज़ कुछ खोने के डर से डरा रहता हूँ।

यार पापा, बहुत कुछ सिखाया आपने
पर आपके सिखाए हुए सारे सबक़ फ़िज़ूल गए,
मुझे आपके बग़ैर जीना पड़ा तो कैसे जिऊँगा
ये सिखाना तो आप भूल गए!

□

कामयाबी

बड़े भोले हैं पापा
पूरी दुनिया में कहते फिर रहे हैं
'सच मेरा ख़्वाब हो गया,
मेरा बेटा कामयाब हो गया।'

हँसी आती है मुझे उनकी सादगी पर
कौन सी बात कहाँ लाके छोड़ी है,
अरे ये कामयाबी कोई आज की थोड़ी है?

मैंने तो बहुत पहले बुलंदियों के पायदान छू लिये थे,
ऊँचाइयों के सारे निशान छू लिये थे,
जब पहली बार पापा ने मुझे बाँहों में लेकर उछाला था
मैंने तो उसी दिन सातों आसमान छू लिये थे!

□

सच और झूठ

'बच्चों से झूठ नहीं बोलते'
ये बात शायद मेरे पापा को किसी ने बताई नहीं

उनका पहला झूठ
फटे हुए जूतों से पैरों में ठंडी हवा आती है
इसलिए बदल नहीं रहा,

दूसरा झूठ
बीस साल पुराने स्कूटर में राक्षस घुस गया है
इसलिए चल नहीं रहा

तीसरा झूठ! अब जाने भी दीजिए
'सैकड़ों झूठ' हैं, कहाँ तक गिनवाऊँगा,
पर मुझे मेरे पापा ने शहज़ादों की तरह पाला
ये 'एक सच' मैं कभी नहीं भूल पाऊँगा!

□

मैं फिर भी तुमको चाहूँगा

मैं जानता हूँ पापा!
एक दिन दुनिया बदल जाएगी,
मैं तुम्हें पुकारूँगा तो पलटके आवाज़ नहीं आएगी

धीरे-धीरे रोज़ अपने आपको तैयार करता हूँ,
कि एक दिन तो उससे बिछड़ना ही है
जिसे मैं सबसे ज़्यादा प्यार करता हूँ!

तुम अकसर एक सस्ता शेर सुनाया करते थे
'बदलने वाली हम चीज़ नहीं,
अरे, हम मर्द हैं, कोई क़मीज़ नहीं'
मैं भी तुम्हारा ही बेटा हूँ, कभी नहीं बदलूँगा

तुम चले जाओगे
फिर भी मेरी उँगलियाँ तुम्हारे हाथों में साँस लेती रहेंगी,
तुम्हारी यादें फिर भी मेरी आँखों से बहेंगी
डाइनिंग टेबल पर तुम्हारी कुर्सी फिर भी ख़ाली रखूँगा,
तुम्हारी जगह न किसी को दी है, न किसी को दूँगा

कभी रात गए घर देर से लौटा
तो जूते हाथ में लेके चुपके-चुपके अपने कमरे में जाऊँगा,

तुम नहीं रहोगे तो तुम्हारी तसवीर से डाँट खाऊँगा,
तुमसे लड़ूँगा-झगड़ूँगा, तुमसे रूठूँगा, तुम्हें मनाऊँगा,
तुम दुनिया से चले जाओगे न पापा
मैं फिर भी तुमको चाहूँगा!

□

मैं बिगड़ चुकी हूँ

झूठ नहीं बोलूँगी, थोड़ी ज़िद्दी तो हूँ मैं

मैं वहीं ख़ुश हूँ जहाँ मेरी चलती है,
लेकिन ये मेरी नहीं, मेरे पापा की ग़लती है

माँ की हर 'न' पर चुपके से 'हाँ' कर देने वाले मेरे पापा,
एक माँगूँ तो दस हाथ पे धर देने वाले मेरे पापा

अपना अँगूठा जूते से बाहर झाँकता रहा
और मुझे महँगे सैंडल दिलाकर ख़ुश होते रहे,
बेचारे सीधे-सादे थे
पर मुझे बिगाड़ने का इल्ज़ाम
पूरी ज़िंदगी अपने कंधों पर ढोते रहे

और अब तो मैं सचमुच बिगड़ चुकी हूँ!

मेरा दिल जीतने कोई सफ़ेद घोड़े पर आए,
या फूलों की जगह ख़ुद मेरे रास्ते में बिछ जाए,
मेरा प्यार किसी ऐसे-वैसे को मिलेगा नहीं,
सॉरी, मुझे मेरे पापा से कम कोई चलेगा नहीं!

□

भाग–3

मातृभूमि

15 अगस्त

आज़ादी,
ऐसे ही थोड़ी मिल गई आज़ादी

हज़ारों गोलियाँ चल गईं, करोड़ों कोड़े बरस गए,
भारत माँ के लाडले
कभी 'लाहौर सेंट्रल जेल' में बर्फ़ की सिल्लियों पर लिटाए गए
तो कभी 'अंडमान की सेलुलर जेल' में
एक-एक बूँद पानी को तरस गए

कितनों ने जान की बाज़ी लगा दी,
कितनों ने भरी जवानी में अपनी लाश बिछा दी,
ऐसे ही थोड़ी मिल गई आज़ादी!

ये जो 15 अगस्त है न
यहाँ तक पहुँचने का रास्ता 23 मार्च से होके गुज़रा है
वही 23 मार्च जब अंग्रेज़ों ने
भगत, राजगुरु और सुखदेव को फाँसी दी थी,
ये 15 अगस्त, 27 फ़रवरी की क़ुर्बानी का सिला है
वही 27 फ़रवरी जब चंद्रशेखर तिवारी 'आज़ाद' ने
अल्फ्रेड पार्क में आख़िरी गोली अपने मस्तक में उतार ली थी

15 अगस्त, 30 अक्तूबर के बाद नसीब हुआ है
जब लाला लाजपत राय की बूढ़ी हड्डियों को
जेम्स स्कॉट की बेदर्द लाठियों ने बरस-बरस के तोड़ दिया था,
ये 15 अगस्त, 30 जनवरी की क़ीमत पर मिला है
जब बापू ने 'हे राम' बोल के हमेशा के लिए हमें अकेला छोड़ दिया था

आँखें भीग रही हैं न?
तो रोकिए अपनी आँखों को
बोलिए अपनी आँखों से कि आज उदासी का नहीं, उत्सव का दिन है
आज तो ढोलकें बजाएँगे, जश्न मनाएँगे,
जो लौट के घर न आए, आज उनकी याद में गाएँगे!

□

मैं उस भारत से आता हूँ

लद्दाख से लातूर और कश्मीर से केरल तक
हम भारतीयों के पदचिह्न जगमगाते हैं,
कोई पूछे आप कहाँ से हैं
तो हम अपने गाँव, क़स्बे, शहर या स्टेट का नाम
बड़े गर्व से बताते हैं
लेकिन आज के बाद मैं और आप सिर्फ़ ये कहने वाले हैं,
कि हम भारतीय हैं और भारत के रहने वाले हैं

अभिमान से कहिए
"मैं उस भारत से आता हूँ
जिसके होंठों पे गंगा और हाथों में तिरंगा है,
वो भारत, जो कभी सत्यं शिवं सुंदरम्, कभी वंदे मातरम्
और कभी, पंजाब-सिंध-गुजरात-मराठा-द्रविड़-उत्कल-बंगा है

मैं उस भारत से आता हूँ
जहाँ सत्य और अहिंसा की लाठी से टकराकर
कोलोनियल तोपों का लोहा बेअसर हो जाता है,
मैं उस भारत से आता हूँ, जहाँ एक लौहपुरुष
खंड-खंड बँटे हुए देश को अखंड करके अमर हो जाता है

मैं उस भारत से आता हूँ
देवता भी जिसके शौर्य का उदाहरण देते हैं,
वो भारत, जहाँ शेर के जबड़े में हाथ डाल के
बच्चे गिनती सीख लेते हैं

मैं उस भारत से आता हूँ
जो ठुकराए हुए लोगों की शरण-स्थली बन जाता है,
और सात समंदर पार परदेसियों को भी
'सिस्टर्स एंड ब्रदर्स' कहके बुलाता है

मैं उस भारत से आता हूँ
जिसने विश्व को हितोपदेश दिया, कर्मयोग सिखाया,
लेकिन ख़ुद कभी अपना-पराया नहीं सीख पाया
'वसुधैव कुटुम्बकम्' के सिद्धांत पर जिया,
मेरा भारत वो नीलकंठ है
जिसने स्वयं विष पीके दुनिया को अमृत-दान किया

मेरा भारत 'कर्मण्येवाधिकारस्ते' गाता है,
तीनों लोकों का स्वामी होकर भी माखन चुराता है
और महा-अवतार होकर भी माँ के हाथों मार खाता है

मैं गौतम और महावीर के भारत से आता हूँ
जहाँ जनहित के लिए एक राजपुत्र संन्यासी हो जाता है,
मैं श्रीराम के भारत से आता हूँ
जहाँ पिता की एक बात पर
बेटा सिंहासन त्यागकर वनवासी हो जाता है

मैं उस भारत से आता हूँ
जो स्त्री को उसके स्वाभिमान से पहचानता है,
एक कुँवारी माँ को महासती-कुंती के नाम से जानता है,
और पाँच पतियों वाली द्रौपदी को देवी मानता है

मेरा भारत आकाश सा बलवान है,
फिर भी धरती सा धैर्यवान है,
मेरा भारत प्रेम का पुण्यलोक
अहिंसा का जन्मस्थान है,
लेकिन नारी का अनादर हो जाए
तो हमारा बच्चा-बच्चा हनुमान है

पढ़ो हमारा इतिहास जो हमारे मस्तक पर छपा है!
एक दुःशासन ने हमारी बेटी का आँचल खींच लिया
हमने सौ भाइयों की चिता जला दी,
एक रावण ने हमारी माँ का हरण किया,
हमने पूरे राक्षस-कुल की लंका लगा दी

मैं उस भारत से आता हूँ, जो न कभी रुका, न झुका, न डरा है,
मैं उस भारत से आता हूँ,
जो वीरता की वसुंधरा है
मैं उस भारत से आता हूँ,
जो शांति का पहला शंखनाद
और मानवता का अंतिम आसरा है

आज सिर्फ़ हम कहते हैं, कल पूरा विश्व 'जय हिंद' कहेगा,
क्योंकि हम उस भारत से आते हैं
जो महान् था, महान् है और महान् रहेगा!

□

ऐसा देश है मेरा

देशभक्ति, 'पैट्रियॉटिज़्म', ये हर नई पीढ़ी को सिखाना पड़ता है,
दुनिया में कई देश हैं, जहाँ सिलेबस में पढ़ाना पड़ता है

लेकिन हमारी बात कुछ अलग है
हमारी मिट्टी में जिसका जनम हो गया,
उसका रोम-रोम 'वंदे मातरम्' हो गया

जिसकी नसों में माँ भारती का रक्त है,
वही देशभक्त है

और उसकी वजह क्या है, जानते हैं?
हमारी माँएँ, जो हमें दूध से पहले 'देश-प्रेम' पिलाती हैं,
जन्म लेते ही हमारे माथे पर 'वतन की मिट्टी' लगाती हैं,
और पूरा बचपन, हमें वीरों की कथाएँ सुनाती हैं

तभी तो, हम 23 साल में 'रंग दे बसंती' गाके फाँसी पर झूल जाते हैं,
25 साल में 'दिल माँगे मोर' याद रहता है,
और जान प्यारी है, ये भूल जाते हैं

कुछ बात है हमारी मिट्टी में,
कि इसके ज़र्रे कभी आँसुओं से नम नहीं होते,

यहाँ बलिदानियों की चिताओं पर मातम नहीं होते,
सिर झुकाने वाले यहाँ पैदा नहीं होते
और सिर कटाने वाले कम नहीं होते

जहाँ डाल-डाल पे सोने की चिड़िया,
और पग-पग पे वीरों का बसेरा,
ऐसा देश है मेरा!

□

माटी को माँ कहते हैं

हम हिंदुस्तानियों का अंदाज़ दूसरों से थोड़ा अलग है।

और सिर्फ़ 'अंदाज़' ही क्यों, हमारा 'एड्रेस' भी सबसे अलग है
दुनिया कहाँ रहती है? आसमान के तले
और हम हिंदुस्तानी, भारत माँ के आँचल तले!

"अंबर तले जग रहे, हम तेरे आँचल तले रहते हैं,
दुनिया में हम ही अकेले हैं, जो माटी को माँ कहते हैं।"
लोग फ़ौज में नौकरी करते हैं तो फ़ौजी कहलाते हैं,
हम बिना वर्दी पहने ख़ुद को 'भारत का सिपाही' बुलाते हैं,
और जितनी बार आँखों से तिरंगा गुज़रे, आदर से सिर झुकाते हैं

एक अजीब सा सपना रोज़ हमारी आँखों को सताए,
कि जान तो एक दिन जानी ही है
अगर देश के लिए जाए, तो मज़ा आ जाए

ये कहाँ लिखा है कि एक आम हिंदुस्तानी,
तिरंगे की सौगंध नहीं ले सकता?
कहाँ लिखा है कि जिसने वर्दी नहीं पहनी,
वो देश के लिए जान नहीं दे सकता?

"जिस्मों पे वर्दी, न काँधे सितारे,
न झंडे झुकेंगे ज़िकर पे हमारे
पर जाँ-निसारी की जब बात होगी,
आगे मिलेंगे क़तारों में हम,
तो क्या ज़मीं पर रहें न रहें
मुसकराएँगे तारों में हम!

वो बाग़ हँसता रहे, हम जिसे हिंदोस्ताँ कहते हैं,
दुनिया में हम ही अकेले हैं, जो माटी को माँ कहते हैं!"

□

लव योर नेबर

शेक्सपियर ने एक बड़ी अच्छी बात कही थी, 'लव योर नेबर'।
अपने पड़ोसी से प्यार करो
चाहते तो हम भी यही हैं पर क्या करें
हमारे पड़ोसी मानते ही नहीं।
चले आते हैं मुँह उठाए, बिन बुलाए
हमने 47 में हराया, 65 में पीटा, 71 में मारा,
और अभी 99 में, जब तुम्हारी हिम्मत फिर बढ़ गई,
तो हमने ऐसा खदेड़ा कि भागने के लिए ज़मीन कम पड़ गई

फिर भी हमसे टकराते हो,
अपनी हैसियत नहीं समझ पाते हो?

फ़र्क़ तो देखो!
हमारी बर्फ़ भी खौलती है, तुम्हारा ख़ून भी ठंडा है,
तुम्हारे झंडे पे चाँद होगा, हमारा चाँद पे झंडा है

अच्छे पड़ोसी बनके रहो,
हम तुम्हें भाई कहते हैं, तुम हमें भाई कहो

वरना हमारा उसूल एकदम साफ़ है
पड़ोसी तुम्हारी मर्यादा पर आँख उठाए

तो तुम उसकी आँखें निकाल लो,
पड़ोसी तुम्हें बुज़दिली का काँटा चुभाए
तो तुम उसकी छाती में संगीनें गाड़ दो
पड़ोसी तिरंगे की ओर हाथ बढ़ाए
तो तुम उसका हाथ तोड़ दो,
पड़ोसी तुमसे कश्मीर माँगे
तो तुम अपनी मिसाइलें लाहौर की ओर मोड़ दो

ये शेक्सपियर कहते-कहते रह गए,
इसीलिए आज हम कह गए!

□

भारत भूल जाओगे

दुनिया में जहाँ भी ज़ालिमों के सिर पे ताज है,
कहीं हंटरों की हुकूमत है, कहीं गोलियों का राज है,
लेकिन बग़ावत का भी अपना अलग ही मिज़ाज है

200 साल हमारी बग़ावत ने ब्रिटिश हुकूमत से लोहा लिया

वो कहते थे, 'जान ले लेंगे',
हम कहते थे, 'प्यार से माँग ले अंग्रेज़ा, ऐसे ही दे देंगे'

उनकी ज़िद, 'झुक जाओ वरना ये कोड़े रुकेंगे नहीं',
हमारा टशन, 'कट जाएँगे भाई, झुकेंगे नहीं'

जितना दम लगा के वो लाठियाँ बजाते,
उतनी ही दीवानगी से हम भारतमाता का जयघोष लगाते

वो कहते, 'बोलो, 'लॉन्ग लिव द क्वीन', रानी की जय-जयकार',
हम कहते हैं, 'कौन सी रानी यार'
हम तो बस 'माता रानी' को जानते हैं
और उन्हीं की जय बोलते हैं

साहिब बहादुर, हम तो रानी की जय बोलने से रहे
लेकिन एक बार ये बेड़ियाँ उतार दो,

फिर तुमसे 'वंदे मातरम्' न बुलवा लिया
तो हम अपनी माँ की कोख से पैदा नहीं हुए

"रहेंगी याद केवल इंक़लाबी बोलियाँ तुमको,
अंग्रेज़ियत की हर इबारत भूल जाओगे,
अरे विक्टोरिया के बंदरो, ये हाथ तो खोलो
पटक के इतना मारेंगे कि भारत भूल जाओगे,"

यही हुआ
कॉलोनियल पावर का विष-वृक्ष
क्रांति की आँच में झुलसके सूख गया,
वो ब्रिटिश राज जिसका सूरज कभी ढलता नहीं था
हमारी दिलेरी के समंदर में गिरके डूब गया!

□

मैं भारत हूँ

मैं भारत हूँ!
मुझे वेदों की ऋचाओं ने जन्मा है,
मेरे परिचय के लिए इतना ही पर्याप्त है
कि अमृत-स्वरूपा गंगा मेरी माँ है!

मैं वही भारत हूँ
जो शिव की जटाओं में चंद्रमा देखता है,
और अंतरिक्ष में चंद्रयान भेजता है
मैं वही भारत हूँ, जिसके बारे में यूरोप कहता था
"ये देश हफ़्ते में 2 दिन भूखा सोता है,"
आज दुनिया के 140 देशों को हमारा अनाज एक्सपोर्ट होता है
जो मुझे मदारियों का मुल्क कहके हँसते थे
आज मेरी न्यूक्लियर सब मरीन देखकर थर्राते हैं,
वो सब, जिन्होंने मेरी क्षमता पर सवाल और योग्यता पर उँगलियाँ उठाईं
आज मुझे देखकर दाँतों तले उँगलियाँ दबाते हैं।

मैं ऋषियों के आश्रम में पला हूँ,
युगपुरुषों की उँगली थामके चला हूँ,
और संघर्षों की प्रचंड अग्नि में जला हूँ

मैंने संसार को सूत्र दिया, 'अतिथि देवो भव'
और मेरे ही अतिथियों ने
जलियाँवाला बाग़ में बिछा दिए मेरी संतानों के शव

सदियों–सदियों तक, विश्वासघात के धुएँ में मेरा दम घुटा,
मुझे याद भी नहीं है, मैं कितनी बार लुटा
लेकिन हर बार लड़खड़ाके सँभला, हर बार गिरके उठा
जो हाथ मेरी ओर बढ़े, मेरे वीरों ने काटके फेंक दिए,
जो आँखें मुझ पर उठीं, वो बुझ गईं हमेशा के लिए

बलिदानियों के रक्त से लाल मेरी वादियाँ हैं,
मेरे मस्तक पर चमकता है स्वतंत्रता का सूर्य
क्योंकि मेरे सीने में वीरों की समाधियाँ हैं

हमें सौगंध है अपने सपूतों की,
क़सम है तिरंगे में लिपटे हुए ताबूतों की

नवयुग का इतिहास, हम लिखेंगे
धरा से क्षितिज तक, हम दिखेंगे
मैं, विश्व की सबसे प्राचीन सभ्यता और सबसे युवा देश
आवाज़ देता हूँ अपने लाडलों को
आओ और अपने हाथों से अपनी क़िस्मत लिखो,
नए दौर की नई इबारत लिखो,
उपलब्धियों के मानचित्र पर,
अपने ख़ून और पसीने से 'भारत' लिखो!

□

शपथ

क्यूँ कोई सिपाही मौत से टकराता है,
क्यूँ वो देश के लिए अपनी जान पे खेल जाता है,
हम लोग, जो न उसके अपने हैं
न दोस्त, न यार, न रिश्तेदार
क्यूँ वो हमारे लिए अपने सीने पे गोलियाँ झेल जाता है,

इस 'क्यूँ' का जवाब छुपा है उस शपथ में
जो भारत का फ़ौजी वर्दी पहनते हुए उठाता है

"सबसे पहले राष्ट्र की सुरक्षा, गौरव और हित
फिर अपने साथियों की सुरक्षा, गौरव और हित
और अंत में, अपनी सुरक्षा, अपना गौरव, अपना हित।"

भारत पहले, भारत माँ का आदेश पहले,
सिपाही होने की शर्त है, 'देश पहले'

आज हम भी अपने करोड़ों वीरों के नाम पर शपथ लेते हैं
कि हमारा पहला धर्म है—'राष्ट्र-धर्म'
हम बंदूक़ें नहीं उठा सकते,
लेकिन हर गिरते हुए को सहारा देके उठाएँगे,
हम देश के लिए प्राण देके तिरंगा नहीं ओढ़ सकते
लेकिन जो भी इस कड़कती हुई ठंड में बेघर, बेलिबास मिला
उसे एक कंबल ज़रूर ओढ़ाएँगे

हम बर्फ़ीली चोटियों पर खड़े होकर पहरा नहीं दे सकते
लेकिन शपथ लेते हैं कि थिएटर में राष्ट्रगान बजेगा
तो ज़रूर खड़े होंगे,
हमारे 'ईश्वर', 'अल्लाह', 'वाहे गुरु' और 'गॉड' सबको नमन
लेकिन हमारी नज़र में देश पर मर मिटने वाले सबसे बड़े होंगे

हम शपथ लेते हैं कि हमें ख़ुद से पहले देश का ध्यान रहेगा,
हर धर्मग्रंथ से बढ़के, हमारे लिए संविधान रहेगा,
हम शपथ लेते हैं कि हम दुनिया में कहीं भी रहें
हमारे दिल में हिंदुस्तान रहेगा!

□

मेरे प्रियतम, मेरे साथी

सुनो, मेरे प्रियतम, मेरे साथी,
तुम्हारे बिना ज़िंदगी मुझसे जी नहीं जाती

तुम तो वीर हो, योद्धा हो, लड़ाके हो
दुश्मनों की टोलियों से लड़ जाते हो,
उड़ती हुई गोलियों से लड़ जाते हो
ये बता दो मैं तन्हाइयों से कैसे लड़ूँ ?
घर के हर कोने में तुम नज़र आते हो,
मैं यादों की परछाइयों से कैसे लड़ूँ ?

कल एल्बम देखा, हमारी सारी तसवीरें पुरानी हो चुकी हैं
नई कब खिंचवाएँगे ?
इस बार तो तुम होली पर भी घर नहीं आए,
हम एक-दूसरे को रंग कब लगाएँगे ?

अबके दीवाली पर वो गुलाबी साड़ी पहनी थी
जो तुम बनारस से लाए थे

सबने तारीफ़ की
पर किसी की तारीफ़ मेरे दिल पर नहीं लगती,
जब तक तुम नहीं कह देते
मैं अपने आपको सुंदर नहीं लगती

करवा चौथ भी ऐसे ही चला गया!
सबकी छलनी में चाँद जगमगाया,
बस मेरा चाँद घर नहीं आया

मेरा हाल क्या है, जानते हो?
बावली हो गई हूँ!

तुम बाड़मेर के रेगिस्तान में 50 डिग्री पर झुलस रहे हो
ये सोच के ठंडी हवाओं से दुश्मनी कर ली है,
कहीं कोई झोंका बदन से न छू जाए
इस डर से कमरे की एक-एक खिड़की बंद कर दी है
अब कहीं से हवा नहीं आती,
सुन रहे हो न, मेरे प्रियतम, मेरे साथी!

दुनिया में कौन चाहेगा, किसी की दूसरी मोहब्बत बनना
मैं वो भी बड़े शौक़ से बन गई

जानती थी, फ़ौजी की ज़िंदगी में जो भी आएगा,
दूसरा प्यार ही कहलाएगा,
पहला वादा तो वो देश की मिट्टी से निभाएगा

सुनो, मेरे प्रियतम, मेरे साथी
अब और न सताओ,
जिस दस्तक के लिए मेरे कान तरस गए
वो दस्तक बनके आ जाओ,
जिस आहट के लिए मैं रोज़ तड़पती हूँ
वो आहट बनके आ जाओ

पर ध्यान रहे, मेरे ढोल सिपाही
भारत माँ से किया हुआ वादा तोड़के मत आना,
चाहे मैं बिरहन ही क्यूँ न मर जाऊँ
मैदान छोड़के मत आना।

□

इक्कीसवीं सदी

एक थे विंस्टन चर्चिल, ब्रिटेन के प्राइम मिनिस्टर
बड़े ग़ुरूर से कहते थे,
'जिस दिन हम इंडिया को आज़ाद करके वापस आ गए,
इंडिया बरबाद हो जाएगा,
भूख से तड़पके मर जाएगा'

बात हमें बुरी तो लगी थी, लेकिन हम चुप रह गए
क्योंकि जवाब देने का काम हमने वक़्त को दे रखा था
और वक़्त ने हमें मायूस नहीं किया,
स्पेस की उड़ान से खेल के मैदान तक
हर जगह जवाब दिया

47 का बदला हमने 83 में चुकाया,
उन्हीं के देश में, उन्हीं की नाक के नीचे
हमारे पंजाब का एक गबरू जवान
क्रिकेट का वर्ल्ड कप जीत लाया,
और अभी कुछ दिनों पहले
इकोनॉमी की रेस में भी हमने ब्रिटेन को पीछे कर दिखाया

जब दुनिया ने कहा
'अब मुमकिन नहीं कि
भारत महाराणा प्रताप वाला शौर्य दोहराए',
तो हम भाला फेंकके ओलंपिक से गोल्ड उठा लाए
हम गहराई के क़ायल हैं, रफ़्तार के नहीं
लेकिन किसी ने हमारी स्पीड पर उँगली उठा दी,
तो हमने दुनिया की सबसे तेज़ रफ़्तार मिसाइल
'ब्रह्मोस' बना दी

हमारे भोलेनाथ जटाओं में चंद्रमा धारण करते हैं
तो हमने चंद्रमा पर भी तिरंगा फहरा दिया,
मून के साउथ पोल को शिव-शक्ति पॉइंट बना दिया

हम वेदों-पुराणों की भाषा बोलते हैं
पर क्वांटम मेकेनिक्स भी हमें बराबर आता है
कभी वक़्त मिले तो डेटा चेक कर लेना
हमारे सैटेलाइट्स की रिमोट सेंसिंग पावर
अमेरिका से ज़्यादा है

75 साल पहले लोग हम पे तरस खाते थे
कहते थे, 'महामारियों में सबसे ज़्यादा लाशें उठाने वाला देश भारत है',
आज देख लो, दुनिया की सबसे बड़ी वैक्सीन ड्राइव चलाने वाला देश भारत है
और हमारा 'टेक-इंक़लाब' तो देखो
जब यूरोप और अमेरिका वैक्सीन की पर्ची काट रहे थे,
हम डिजिटल सर्टिफ़िकेट बाँट रहे थे

हमारे सीने में हवन-कुंड की चिंगारी है,
टिमटिमाने और बुझने के दिन गए
अब तो चमकने और दहकने की तैयारी है,
नोट करके रख लो
उन्नीसवीं सदी ब्रिटेन की थी, बीसवीं अमेरिका की,
इक्कीसवीं हमारी है !

□

सियाचिन

छह महीने से सियाचिन में हूँ
माइनस 45 डिग्री में, अपने सीने में दहकती देश-प्रेम की आग में
हाथ सेंक रहा हूँ,
दिन-रात पहाड़ों पर जमी बर्फ़ देख रहा हूँ
सुना है इंसान की आँखें 10 लाख से ज़्यादा रंग पहचानती हैं,
हमारी आँखें तो बस सफ़ेद ही देखती हैं
और सफ़ेद ही जानती हैं

इस बार गाँव से आना हर बार से ज़्यादा मुश्किल रहा!
माँ और बाबूजी दोनों 70 पार कर चुके हैं
बिदाई की तारीख़ क़रीब आते ही अंदेशों से भर जाता हूँ,
कहीं ये आख़िरी मुलाक़ात न हो, सोचके डर जाता हूँ

चार दिन बाद राखी थी
बहन ने बहुत रोका पर उसका दिल तोड़के आ गया,
और मेरी 5 बरस की बेटी
वो जाग जाती
तो पैरों में आँसुओं की ज़ंजीर डाल देती
उसे सोता हुआ छोड़के आ गया

पत्नी स्टेशन तक पहुँचाने आई थी,
जाते-जाते उसने कुछ कहा तो, पर मैं समझ नहीं पाया
गला इतना भरा हुआ था, आवाज़ इतनी भर्राई थी

ये कहानी सुनके आप मुझपे अफ़सोस न करें
अपने रिश्तों की क़द्र करें
जो आपके पास है, उसे सँभालें
क्योंकि हर कोई अपनों के क़रीब नहीं होता,
रोज़ शाम घर लौटना, सबको नसीब नहीं होता

एक भी पल प्यार से ख़ाली न जाने दें
बच्चों के साथ खेलें,
बीवी की आँखों में झाँकके बताएँ
कि आप उसे कितना प्यार करते हैं

रोज़ सुबह माँ के पैर छुएँ,
रोज़ शाम की चाय अपनों के साथ पिएँ,

एक दिन शायद मैं इन्हीं ग्लेशियर्स में दबके मर जाऊँगा
ताकि आप जिएँ, जी भरके जिएँ!

□

भारतवर्ष

हम भारतवाले हैं, भारतवाले हैं हम,
वही भारत जिसका मूल मंत्र है, 'वसुधैव कुटुम्बकम्'

हमारी प्रार्थनाएँ सिर्फ़ अपने लिए नहीं
पूरी मानवता के लिए होती हैं,
हमारी आँखें हर किसी के दुःख में रोती हैं
हम प्रार्थना करते हैं कि दुनिया में कहीं कोई भूखा न सोए,
कोई बेबसी के आँसू न रोए
सब अपने हों, कोई पराया न रहे,
किसी के आँगन में बदनसीबी का साया न रहे

किसी बहन के सर से दुपट्टा न खिंचे,
ज़मीनें फ़सलों से भरी रहें, अब दुनिया में कहीं बारूद न बिछे
मौसम कोई भी हो, अमन-चैन का बादल बरसता रहे,
नन्हे हाथों में पेंसिल और कंधों पे बस्ता रहे,
इंसानियत बच्चे की तरह मुसकराए
और भारतवर्ष, पिता की तरह हँसता रहे!

□

भारत भाग्य विधाता

'जन-गण-मन अधिनायक जय हे, भारत भाग्य विधाता'
राष्ट्रगान के ये बोल आप बड़े गर्व से गाते हैं,
पर कौन है 'भारत का भाग्य विधाता'?
आज हम बताते हैं

जिसकी मेहनत पर 140 करोड़ का देश पलता है,
जिसका हल चलता है तो देश की हर मुश्किल का हल निकलता है
जो हवाओं की बोली समझता है, आसमान का रंग पहचानता है,
जो एक बीज को लहलहाती हुई फ़सल में बदलने का जादू जानता है

वो जो ऊपर से इंसान, अंदर से फ़रिश्ता है,
धरती से जिसका माँ और बेटे का रिश्ता है
हमारे कर्णधार, हमारे अन्नदाता,
ये किसान, यही तो हैं 'भारत भाग्य विधाता'!

□

हम तिरंगा गाड़ देंगे

ऐ माँ, भरोसा रखना अपनी संतानों पर
हम तिरंगा गाड़ देंगे आसमानों पर

दुश्मनो, सुन लो हमें झुकना नहीं आता
तुम्हारी गोलियाँ कम हैं, हमारी छातियाँ ज़्यादा

हमें पहचान लो, हम वो हैं जो तीरों पे लेटे हैं
महाभारत लड़े थे जो, हम उन वीरों के बेटे हैं

शहादत, जश्न दोनों एक हैं अपनी कहानी में
हमें वह मौत प्यारी है जो आती है जवानी में

हमारे नाम पर ढोलक बजेगी दो जहानों में
मरेंगे यूँ कि हम ज़िंदा रहेंगे दास्तानों में

हिंदोस्ताँ को नाज़ होगा हम दीवानों पर,
हम तिरंगा गाड़ देंगे आसमानों पर!

ऐ माँ भरोसा रखना,
अपनी संतानों पर!

□

हम फ़ौजी हैं

हम फ़ौजी हैं
लेकिन बारूद से नहीं बने
न हमारे सीने में दिल की जगह डायनामाइट है,
न आँखों में पानी की जगह आग

हम एकदम तुम्हारे जैसे हैं

हमें भी जब अपनों की याद सताती है
तो चैन की साँस नहीं लेने देती,
हमारी धड़कनों में हिंदुस्तान है
लेकिन पर्स में पाँच बरस की बेटी

किसी की फ़ोटो सीने से लगाके सोते हैं,
किसी का दिया हुआ तावीज़ पहनके ख़ुश होते हैं,
और जब घर से चिट्ठी आती है
तो लिफ़ाफ़ा चूमके रोते हैं

हमें दवाओं और मरहमों की कमी नहीं
लेकिन कभी कोई गोली बाज़ू चीर जाती है,
तो माँ की फूँक बहुत याद आती है

तो अगली बार जब अख़बार में ख़बर पढ़ना,
कि गलवान की घाटी में 20 फ़ौजी बलिदान हो गए
तो हमें गिनती समझके भूल मत जाना
साथी समझके याद रखना
क्योंकि हम एकदम तुम्हारे जैसे हैं!

□

पड़ोसियों से गुज़ारिश

देखो
हमें अपनी ज़मीन पर हल चलाने दो
हमें तुम्हारी ज़मीन नहीं चाहिए,
हम काशी और कोयंबटूर में ख़ुश हैं
हमें चिटगाँग और चीन नहीं चाहिए

हम अच्छे पड़ोसी हैं
पड़ोसियों के दुःख-दर्द बाँटने की परंपरा नहीं बदलेंगे,
लेकिन आँखें दिखाओगे
तो लाहौर से घुसेंगे और कराची में निकलेंगे

और वो भाई-भाई कहके पीठ में छुरा घोंपने वाले भी सुन लें

गलवान के बलिदानियों का रक्त हमारी शिराओं में खौल रहा है,
हमारी नस-नस से इंक़लाब बोल रहा है

हमारी तरफ़ पाँव मत रखना
सरहद पार अपने तंबू-कनात में रहो,
रहने के लिए दुनिया में एक-से-एक अच्छी जगहें हैं
लेकिन सबसे अच्छा यही होगा कि औक़ात में रहो!

□

हमें रोक के दिखाओ

दुनियावालो,
जितना ज़ोर है लगाओ,
हम भारतवासियों को रोक के दिखाओ!

हम पचहत्तर साल पहले नहीं रुके,
जब मिट्टी में रेंग रहे थे, घुटनों पर घिसट रहे थे,
अब क्या रुकेंगे?
अब तो हमने पंख उगा लिये हैं,
और सैकड़ों आसमान कंधों पर उठा लिये हैं

फिर भी मुक़ाबला करना चाहते हो
तो मैदान में आओ,
हमें रोक के दिखाओ!

तुम्हें लगता था, हम गए-गुज़रे हैं, बेचारे हैं,
आज दुनिया के सबसे कामयाब लोगों की लिस्ट बनाओ
दस में से सात हमारे हैं
तुम न्यूयॉर्क स्टॉक एक्सचेंज में डॉलर गिन के इतराते हो
और तुम्हें गिनती हमने सिखाई, ये भूल जाते हो?

हमारी रफ़्तार तो देखो
जब हमारे पड़ोसी चॉक से चाँद का डायग्राम बनाना सीख रहे थे

हम चाँद की मिट्टी चूम के लौट आए,
जब दुनिया 'मिशन मार्स' पर करोड़ों डॉलर फूँक रही थी
हम मुट्ठी भर पैसों में मंगल घूम के लौट आए

भट्ठियाँ कितनी भी बड़ी बना लो
हम अग्निपुत्रों के बिना आग कहाँ से लाओगे?
जो कृष्ण की तरह तुम्हारी तरक़्क़ी का रथ हाँके
वो प्रतिभा, वो दिमाग़ कहाँ से लाओगे?
बैठे रहो गूगल और ट्विटर खोलके
'पिचाई' और 'पराग' कहाँ से लाओगे?

'वी—द पीपल ऑफ इंडिया'
हम झोंपड़ों के चिराग़,
किसानों की संतानें, मेहनतकशों की औलाद
हौसलों का हस्तिनापुर हमीं बसाएँगे,
हमारा एक कोहिनूर अंग्रेज लूट ले गए तो क्या हुआ
अभी यहाँ एक सौ चालीस करोड़ कोहिनूर बाक़ी हैं
हम धरती तोड़के निकलेंगे और आकाश तक चमचमाएँगे

दो सौ अस्सी करोड़ बाज़ू हैं हमारे
आओ, हमारी ताक़त आज़माओ,
हमें रोक के दिखाओ!

□

हम भारतवाले हैं

देखो हमारी ओर
पहचानो हमें

हम वही हैं,
जो बाण भेद के धरती से धारा निकाल दिया करते थे,
एक उँगली पर गोवर्धन उठा लिया करते थे

हमीं थे वो दिलेर
जो चक्रव्यूह में वापस लौटने की विद्या सीखे बग़ैर गए,
और वो भी हमीं थे,
जिनके फेंके हुए पत्थर पानी में तैर गए

हम मारना भी जानते हैं और बचाना भी
हमने दुश्मनों के लिए फ़ाइटर जेट्स बनाए, संगीन बनाई,
और जब ज़िंदगी की साँस टूटने लगी, तो हमीं ने वैक्सीन बनाई

और वैक्सीन पर लिख दिया 'सर्वे सन्तु निरामया',
यानी सिर्फ़ हम पर ही नहीं, ईश्वर सब पर करें दया

हम जाँबाज़ हैं, जियाले हैं,
आँधियों से खेले हैं, बिजलियों के पाले हैं,

हम शांति का सवेरा हैं, मानवता के उजाले हैं
देखो हमारी ओर, पहचानो हमें
हम भारतवाले हैं!

□

भारत माँ की चिट्‌ठी

मेरे प्यारे बच्चो,
इक्कीसवीं शताब्दी में तुम शिखर की ओर बढ़ रहे हो
मेरा रोम-रोम गौरवान्वित है
लेकिन एक शिकायत भी है तुमसे

सैकड़ों साल पहले
महारानी की भेजी हुई लाल वर्दियों ने मेरी पहचान बदल दी
मेरा नाम बदल दिया
और तुम उसी पहचान, उसी नाम को सच मान बैठे ?

भूल गए कि मैं 'गोरों की मदर इंडिया' नहीं
'गांधी की माँ भारती' हूँ
वही माँ भारती, जिसकी वंदना में मेरा बेटा टैगोर कविताएँ रचता था,
जिसका वैभव लक्ष्मी और चेनम्मा की तलवारों में चमकता था

मैं वो भारत हूँ जिसकी मर्यादा के लिए
आज़ाद एक पिस्तौल लेकर सैकड़ों अंग्रेज राइफ़लों से लड़ गया,
और भगत भरी जवानी में फाँसी चढ़ गया

आज बरसों बाद फिर तुमने मुझे भारत कहके पुकारा
तो मेरी आँखें भर आईं
मेरे बच्चो, तुम्हें क़सम है मेरे पवित्र आँचल की

अब कोलोनियल सोच की घात न चलने पाए,
अब कोई मेरा नाम न बदलने पाए

याद रखना कौन हूँ मैं
जो अटल रहे वो हिम्मत हूँ,
जो अचल रहे वो पर्वत हूँ,
सत्य, सनातन, अनहद हूँ,
मैं माउंटबेटन का इंडिया नहीं, मोहनदास का भारत हूँ!

□

आज़ादी

करेंसी पे बापू की फ़ोटो
लाल क़िले पे तिरंगा,
सड़क पे भारतमाता की जय
और स्कूल में विंध्य-हिमाचल-यमुना-गंगा

क्या इतनी आज़ादी काफ़ी है?

क्या सिर्फ़ इतनी सी आज़ादी के लिए वो जनेऊधारी
कंपनी बाग़ में अकेला ब्रिटिश फ़ौज से लड़ गया था,
और वो 23 साल का सरदार
'रंग दे बसंती' गाके फाँसी चढ़ गया था?
क्या सिर्फ़ डेढ़ गज़ कपड़े के लिए नेताजी ने हिटलर को आँख दिखाई थी,
और बापू ने, क्या सिर्फ़ नोट पे छपने के लिए सीने पर गोली खाई थी?

आज़ादी वो है, जब पैरों को छालों का डर न रहे
और सच को सवालों का
आज़ादी वो है, जब न सपनों के दरख़्त फलने से डरें
और न टूटी हुई चप्पलें डिज़ाइनर जूतों के साथ चलने से
आज़ादी वो है, जब झुके हुए सिरों का मुक़द्दर बदल जाए,
और झोंपड़ों के दिल से हवेलियों का डर निकल जाए

आज़ादी वो है, जब हौसले की चिड़िया बाधाओं का पिंजरा तोड़ दे,
और 'क' 'ख' 'ग', 'ए' 'बी' 'सी' से डरना छोड़ दे

आज़ादी वो है, जब अमन के गीत गाते हुए गले से लहू न आए,
और अमरूदों के मौसम में बारूदों की बू न आए

बेख़ौफ़ जीना हमारा हक़ है, और ये हक़ बुनियादी है,
घबराओ मत, बढ़ते रहो, बस अगले मोड़ पर,
थोड़ा सा आगे, आज़ादी है!

□

चलो, कुछ कर जाएँ!

नसों में दौड़े तो पानी है, कुछ कर गुज़रे तो है ख़ून
सर्द रहे तो बर्फ़ है भाई, खौले, उबले तो है ख़ून
उस दिन बदलेगी ये दुनिया, उस दिन बदलेगा ये मंज़र
एक सिपाही जाग उठे जब मेरे और तुम्हारे अंदर
वो टकराएँ दुश्मन से, हम लाचारी से लड़ जाएँ
वो चढ़ते हैं टाइगर हिल, हम जोश के परबत चढ़ जाएँ
कुछ कर जाएँ, चलो कुछ कर जाएँ!

जिस पे दुःख की धूल जमी है, उस दामन के लिए लड़ें
जिसकी चूड़ी टूट गई है, उस दुलहन के लिए लड़ें
फूल जो बेचे सिग्नल पर, हम उस बचपन के लिए लड़ें

गली–गली हैं बिछी सरहदें, मौक़ा है जी लें, मर जाएँ
कुछ कर जाएँ, चलो कुछ कर जाएँ!

□

हमारी आन-बान-शान

195 देश हैं दुनिया में
हमारे दिल में सबके लिए इज़्ज़त है
लेकिन जब बात अपने हिंदुस्तान की आती है,
तो ऑटोमैटिकली छाती छप्पन हो जाती है

हम ग़ुरूर नहीं करते,
लेकिन सच कहते हुए भी नहीं डरते

दशमलव और ज़ीरो का आईडिया सबसे पहले किसने सोचा? हमने!
चाँद पर पानी किसने खोजा? हमने!
दुनिया की सबसे लंबी सड़क, हमारे यहाँ
कौटिल्य, पाणिनि, चरक, हमारे यहाँ

अशोक हमारे हैं, चंद्रगुप्त हमारे
महाराणा प्रताप, छत्रपति शिवाजी महाराज, पृथ्वीराज चौहान,
हमने लड़ाके पैदा किए, वो भी एक-से-एक आलीशान
वीरता का कोई शिखर हमसे छूटा नहीं,
पर आज तक हमने अपनी ताक़त के ज़ोर से
किसी कमज़ोर देश को लूटा नहीं

और हमारी एकता, वही तो है हमारी इज़्ज़त-आबरू,
वो गंगा हमारे ही यहाँ बहती है
जिसके पानी से एक आचमन करता है, दूसरा वुज़ू

हमारी आन-बान-शान सबसे बुलंद है
फिर भी हम फलदार डालियों की तरह झुके रहते हैं,
समंदर की ताक़त है हमारे बाजुओं में
पर झील की तरह ख़ामोश बहते हैं,
कभी सुना है, मदर स्पेन, मदर ब्रिटेन, मदर अमेरिका
दुनिया में सिर्फ़ हमीं हैं, जो मुल्क को माँ कहते हैं!

□

कहाँ जाओगे

हम हिंदुस्तानी हैं
मुहब्बत, अमन और सुलह के हमराज़ हमीं हैं,
विश्वशांति के लिए उठने वाली सबसे बुलंद आवाज़ हमीं हैं

देख लो हमारी हिस्टरी उठाके
5000 सालों में हमने किसी पर अटैक नहीं किया
कहीं जंग का क़हर तोड़ा नहीं,
लेकिन किसी ने हमारी तरफ़ आँख उठाके देख लिया
तो हमने उसे देखने लायक़ छोड़ा नहीं

दोस्तों के लिए स्वागतम् का गीत हैं हम
और दुश्मनों के लिए मुँहतोड़ जवाब भी हमीं हैं,
अहिंसा भी हम हैं, इंक़लाब भी हमीं हैं,
हमीं गौतम बुद्ध हैं, और महाराणा प्रताप भी हमीं हैं

ग़लती से भी तुमने हमारी शराफ़त को कमज़ोरी समझ लिया
तो बहुत पछताओगे,
बाँसुरी बजाने वाली उँगलियों ने सुदर्शन चक्र उठा लिया
तो कहाँ जाओगे ?

□

एक सिपाही का आख़िरी ख़त

सरहद पे गोली खाके जब टूट जाए मेरी साँस,
मुझे भेज देना यारो मेरी बूढ़ी माँ के पास।

बड़ा शौक़ था उसे, मैं घोड़ी चढ़ूँ, धमाधम ढोल बजे
तो ऐसा ही करना
मुझे घोड़ी पे लेके जाना,
पूरे गाँव में घुमाना
और माँ से कहना "बेटा दूल्हा बन के आया है,
बहू नहीं ला पाया तो क्या, बारात तो लाया है"

मेरे बाबूजी, पुराने फ़ौजी, बड़े मनमौजी
कहते थे, बच्चे तिरंगा लहराके आना या तिरंगे में लिपटके आना
कह देना उनसे, मैंने उनकी बात रख ली
दुश्मन को पीठ नहीं दिखाई,
आख़िरी गोली भी सीने पे खाई

मेरा छोटा भाई
उससे पूछना, क्या मेरा वादा निभाएगा?
मैं सरहदों से बोल के आया था
एक बेटा जाएगा, तो दूसरा आएगा

मेरी छोटी बहना,
उससे कहना

मुझे याद था उसका तोहफ़ा, लेकिन अजीब इत्तेफ़ाक़ हो गया,
राखी से पहले ही भाई राख हो गया

वो कुएँ के सामने वाला घर
दो घड़ी के लिए वहाँ ज़रूर ठहरना
वहीं तो रहती है वो
जिसके साथ जीने-मरने का वादा किया था

उससे कहना, भारत माँ का साथ निभाने में उसका साथ छूट गया,
एक वादे के लिए दूसरा वादा टूट गया

बस मेरी आख़िरी गुज़ारिश,
मेरी आख़िरी ख़्वाहिश

मेरी मौत का मातम न करना
मैंने ख़ुद ये शहादत चाही है,
मैं जीता हूँ मरने के लिए
मेरा नाम सिपाही है!

□

शिकायत

मुझे शिकायत है हिंदुस्तान के हर सिपाही से
ये वादे निभाना नहीं जानते

माँ से कहते हैं, "वापस आऊँगा,
तुझे तीर्थयात्रा पे ले जाऊँगा"

बीवी से कहते हैं
"कश्मीर में पोस्टिंग है
आते हुए तेरे लिए पश्मीने की शॉल ले आऊँगा"

और बच्चों से कहते हैं
"आज कहानी यहीं तक
बाक़ी लौट के सुनाऊँगा"

लेकिन जब दुश्मन का टैंक सरहद पार कर जाता है,
इन्हें कोई वादा याद नहीं आता है

उड़ती हुई गोलियाँ सीने में भर लेते हैं
ये भी नहीं सोचते कि लहू के साथ घरवालों की उम्मीदें भी बह जाएँगी,
माँ की तीर्थयात्रा, बीवी की शॉल, बच्चों की कहानियाँ
सारी क़समें अधूरी रह जाएँगी

सवाल देश का आ जाए
तो ये ख़ून के रिश्ते भी नहीं पहचानते,
मुझे शिकायत है हिंदुस्तान के सिपाहियों से
ये वादे निभाना नहीं जानते!

□

ख़ून पे इल्ज़ाम

भले कच्ची उमर में ज़िंदगी की शाम आ जाए,
ये मुमकिन ही नहीं कि ख़ून पे इल्ज़ाम आ जाए,
हमारे गाँवों में बहनें उसे राखी न बाँधेंगी,
पलट के जंग से भाई अगर नाकाम आ जाए

□

एक वर्दी

रोज़ की तरह आज भी शर्माजी ने
नाश्ते के साथ अख़बार का लुत्फ़ उठाया,
आज भी चाय वक़्त पर मिली, क्योंकि दूध वक़्त पर आया

करन ने आज भी जॉगिंग जमके की
क्योंकि ख़ुशनुमा सुबह का माहौल था
और आज भी कॉल टाइम से पहले ऑफ़िस पहुँचा
क्योंकि बाइक में पेट्रोल था

आज भी गोलू ने क्लास में पेपर प्लेन उड़ाई
और टीचर से डाँट खाई
आज भी शीला जी टमाटर के साथ धनिया फ्री उड़ा लाईं!

आज भी सुबह अँगड़ाई लेके जागी
और रात कहानियाँ सुनते-सुनते सो गई
क्योंकि कल सरहद पर एक वर्दी
हमारी हिफ़ाज़त में लहू से लाल हो गई!

□

फ़ौजी

तुम्हारे नाम के मंदिर नहीं बने हैं कहीं
न मस्जिदों ने ही सजदा कभी किया है तुम्हें,
मगर ख़ुदाओं से बढ़के जो रुतबा होता है
ज़मीन-ए-हिंद ने वो मर्तबा दिया है तुम्हें

वो गोलियाँ जो हमारी तरफ बढ़ी थीं कभी
तुम अपने सीने में भरके ज़मीं पे लेट गए,
जहाँ भी प्यार से माँ भारती ने थपकी दी
तुम एक बच्चे की मानिंद वहीं पे लेट गए

उठा के हाथ दुआएँ पढ़ी हैं मिट्टी ने
तुम्हारे जैसे जियाले सपूत पाने को,
जो लब पे लेके शिकायत यही शहीद हुए
कि जान एक ही मिलती है क्यों लुटाने को

तुम्हीं न होते तो दुनिया बबूल हो जाती
ज़मीनें ख़ून से यूँ लालाज़ार करता कौन,
हज़ारों लोग हैं यूँ तो ज़माने में लेकिन
हमारे वास्ते यूँ मुस्करा के मरता कौन!

□

23 मार्च, 1923

उस दिन भगत, सुखदेव और राजगुरु रोज़ से ज़्यादा ख़ुश थे

फाँसी के तख़्ते की ओर
एक-एक क़दम यूँ लहक के बढ़ा रहे थे
जैसे अपनी महबूबा से मिलने जा रहे हों,
एक-दूसरे को ऐसे गले लगा रहे थे
जैसे ज़िंदगी के मोर्चे पर मौत को हराके आ रहे हों

एक-एक मुस्कराहट कह रही थी
माँ देख, जो वादा किया था, पूरा कर रहे हैं,
तेरे बेटे जब तक जिए, तेरे लिए जिए
और आज तेरे ही लिए मर रहे हैं

"ऐ दुलहन, मैं राख बन सतलुज नदी में बह गया
पूछ मत तेरी जुदाई दिल पे कैसे सह गया
है शहादत की ख़ुशी पर जाते-जाते दुःख भी है,
हाय आज़ादी! तेरा घूँघट उठाना रह गया!"

□

मेरा बेटा भगत

न सुकून से जीना, न चैन से सोना,
बड़ा मुश्किल है भगत सिंह का बाप होना

बचपन से ही कुछ अलग था मेरा बेटा भगत
एक दिन देखा, मिट्टी में कुछ दबा रहा था
मैंने पूछा तो बोला,
'बापू, इंक़लाबी हो रहा हूँ,
धरती में पिस्तौल बो रहा हूँ
एक बीज से हज़ारों बंदूक़ें जनम लेंगी,
अंग्रेज़ गिन नहीं पाएँगे, इतनी गोलियाँ चलेंगी!'

मैं तभी जान गया था
कि ये गुरु गोविंद सिंहजी का लड़ाका है,
अकेला ही सवा लाख से लड़ेगा,
मेरा भगत सेहरा बाँध के घोड़ी नहीं,
फंदा चूम के फाँसी चढ़ेगा!

□

फ़ौजी या फ़रिश्ते

साइंस कहती है कि दुनिया का कोई भी इंसान,
नहीं सह सकता, शून्य से नीचे और 50 से ऊपर का तापमान

शून्य से नीचे, चटक जाती हैं हड्डियाँ,
50 से ऊपर, पिघल जाती हैं मांसपेशियाँ

तो फिर ये लोग कौन हैं, जो सियाचिन के ग्लेशियर पर
–30 डिग्री में तिरंगे के तार कस रहे हैं,
ये लोग कौन हैं, जो बाड़मेर के रेगिस्तान में
52 डिग्री पर ठहाके मारके हँस रहे हैं

ऐसी जाँबाज़ियाँ हाड़–मांस के पुतलों में कहाँ?
इसके लिए तो कोई यक्ष या देवदूत चाहिए,
फ़ौजी आसमान से उतरे हुए फ़रिश्ते हैं,
कोई और सबूत चाहिए?

□

भाग–4

मोहब्बत

बरबाद हो गया होता

जिस धुएँ में जवानियाँ खोईं
उसमें मैं भी तो खो गया होता
तुम अगर मुझसे न बिछड़ जातीं
मैं तो बरबाद हो गया होता

वो मुहब्बत जो मैंने तुमसे की
क्या कभी उसको भूल पाती हो
जब मुझे देखती हो टी.वी. पर
अपने बच्चों को क्या बताती हो ?

□

महकते थे

हम इश्क़ की ख़ुशबू से दिन-रात महकते थे
नज़दीक थे हम इतने कि साथ महकते थे
बेरंग हवा सा मैं, आकाश-कुसुम सी तू
तेरे होंठ मैं छू लूँ तो मेरे हाथ महकते थे

□

प्रेम क्या है ?

प्रेम क्या है ?
ढाई अक्षर का एक शब्द
करोड़ों अक्षर मिलकर भी जिसका भेद खोल नहीं पाते,
कभी कोई अनपढ़ कबीरा प्रेम का मर्म यूँ ही जान लेता है
और कभी बड़े-बड़े ज्ञानी इसे तर्क के तराज़ू में तोल नहीं पाते

प्रेम वो है जिसे काल की ज्वाला जला नहीं सकती,
भय की भट्ठी गला नहीं सकती,
प्रेम वो है जो साँसों के साथ टूटता नहीं,
और प्राणों के साथ छूटता नहीं
प्रेम इतना कोमल है
कि फूल अपनी पँखुड़ियों पे इतराना छोड़ दे
और इतना कठोर कि चट्टानों का घमंड तोड़ दे!

□

चौदह फ़रवरी

क्या बिगड़ता जो उँगलियाँ तेरी
उसी नंबर से फिर गुज़र लेतीं
आज तो चौदह फ़रवरी है जान
आज तो एक फ़ोन कर लेतीं!

□

वो लड़का

जो लिखता है मुक़द्दर की इबारत
वो तेरी सोच से ज़्यादा बड़ा है
जिसे ठुकरा दिया मिट्टी समझकर
वो लड़का आज तारों पर खड़ा है!

□

प्यार करना

ये क्या ज़िद है
कि जिसे प्यार किया उसे पाना भी है
क्या तुम सचमुच नहीं जानते
कि पाना ही प्यार का पूर्णविराम है!

ये क्या बचपना है
कि जो गीत दिल में उठा
उसे होंठों से गाना भी है
क्या तुम इतना भी नहीं समझते
कि आत्मा का गीत गुमनाम है!

ये क्या नादानी है
कि किसी को अपना बनाके रहोगे,
समय वो नदी है, जिसमें कोई साथ नहीं बहा
तुम भी अकेले ही बहोगे!

लेकिन इसका मतलब ये नहीं
कि तुम प्यार मत करना!

प्यार करना
ताकि ये ज़िंदगी जीने के क़ाबिल बन जाए,
प्यार करना,
ताकि सीने में रखा हुआ पत्थर धड़क उठे और दिल बन जाए!

प्यार करना
ताकि इंसान होने की शर्त पूरी कर सको,
प्यार करना
ताकि अधूरेपन से भरी इस दुनिया में
तुम पूर्णता के साथ मर सको!

□

मीरा

नस–नस में बिजुरिया थिरक गई रे
प्रेम इतना भरा मैं छलक गई रे

चढ़ती नदिया कभी वश में होती नहीं
जाग जाए अगर प्रीत सोती नहीं,
सौ भँवर लाँघके मेरे पग चल पड़े
भौंहें तन–तन गईं, माथे पे बल पड़े
घोर संकट में हैं आज मर्यादाएँ,
मेरे सर से चुनरिया सरक गई रे
प्रेम इतना भरा मैं छलक गई रे

नैन जुड़ते ही सिद्धांत टूटे मेरे
हो गए मान–अभिमान झूठे मेरे
लाओ, मेरे लिए विष के प्याले भरो
प्रेम अपराध है तो क्षमा न करो
छूटकर फिर करूँगी ये अपराध मैं,
खुल गए हाथ, मेरी झिझक गई रे,
प्रेम इतना भरा मैं छलक गई रे

प्रेम की आग में, जल गई मैं जहाँ
रंग–रंग के खिले बेल–बूटे वहाँ
तन पे मेरे अब उन नैनों की छाप है

कौन सोचे कि ये पुण्य है, पाप है ?
राह सच की दिखाओ किसी और को,
था भटकना मुझे, मैं भटक गई रे,
प्रेम इतना भरा मैं छलक गई रे

कभी आई नहीं रूप से आँच ये
कभी देखा नहीं प्रीत का नाच ये
मेरी हर साँस में गुलमोहर रख गया
वो उठाके मुझे चाँद पर रख गया
भर दिया उसने सपनों से आँचल मेरा,
आँख पल भर, जो मेरी झपक गई रे
प्रेम इतना भरा मैं छलक गई रे!

ये कहाँ धर्मग्रंथों को अहसास है
गहरी पाताल से हृदय की प्यास है
ज्ञानियों में कहाँ ज्ञान ऐसा जगे
पीर जाने वही तीर जिसको लगे
डोल उट्ठा जो थर-थर जिया बावरा,
काँच के जैसी मैं तो चटक गई रे
प्रेम इतना भरा मैं छलक गई रे!

□

मैं उसका हो चुका हूँ

लहू और इश्क़ रंग दोनों का फीका हो नहीं सकता
मैं उसका हो चुका हूँ, अब किसी का हो नहीं सकता
नई ख़ुशबू तलाशूँ मैं कि उसकी ख़ुशबुएँ भूलूँ?
किसी का होगा, ये मेरा तरीक़ा हो नहीं सकता
मैं उसका हो चुका हूँ, अब किसी का हो नहीं सकता!

□

घर आ जाओ राम

(श्रीरामजन्मभूमि शिलान्यास पर)

आसमानों से झाँकते तुमने कई सदियाँ गुज़ार दीं
अब धरती को बना लो अपना धाम
घर आ जाओ राम!

हमने रख दी है तुम्हारे भवन की आधारशिला,
उसी अयोध्या में, जहाँ तुमने जन्म लिया
तुमको देवत्व मिला
घर आ जाओ राम
अब तुम बेघर नहीं रहे!

सरजू के तट फिर से तुम्हारे हुए,
अवध के खेत-खलिहान
पोखर-पनघट फिर से तुम्हारे हुए

पधारो अपने निवास में,
और क्षमा कर दो हमारी वो भूल,
जो अंकित है इतिहास में

हमने वो सूरज अँधेरे में फेंक दिया
जिसने पूरी सृष्टि को उजाले में रखा,
कैकेयी ने तो सिर्फ़ चौदह बरस का वनवास दिया था
हमने सैंतीस साल तुम्हें ताले में रखा

और तुम्हें निर्वासित करके हमें मिला क्या ?

एक ऐसी दुनिया जहाँ खुली हवा में भी दम घुटे,
मानवता अहिल्या की तरह पत्थर हो चुकी है राम
तुम आके पैरों से छू दो, तो शायद जी उठे

तुम तो सूर्यवंशी हो
हमें याद है तुम्हारा शौर्य, तुम्हारा साहस,
न्याय के हाथ में धनुष था एक
और काटने के लिए अन्याय के सर थे दस

हे महानायक, मर्यादा-पुरुषोत्तम, इक्ष्वाकु-कुलभूषण
तुम्हारे बिना फीकी है अवध की शाम,
घर आ जाओ राम!

हम वचन देते हैं तन-मन और प्राण से,
कि तुम्हारा घर बनाएँगे बड़े शौक़ और बड़ी शान से

दीवारें इतनी मज़बूत
कि भेदभाव का रावण भेद न पाए,
दरवाज़े इतने ऊँचे
कि ऊँच-नीच के दानव से लाँघा न जाए

तुम्हारा शयन-कक्ष वहाँ होगा
जहाँ किसी बेबस की सिसकियाँ नींद में भी सुनाई दें,
और तुम्हारी छत इतनी खुली होगी
कि 'तीज का चंद्रमा' और 'ईद का चाँद' दोनों दिखाई दें

तुम्हारी खिड़कियों पर बैठे परिंदे
दोहराएँगे विश्व-शांति की सरगम,
और महल के प्रवेश-द्वार पर लिखा होगा—
'वसुधैव कुटुम्बकम्'

एक आँगन भी होगा
वहाँ बैठकर गाए जाएँगे कीर्तन-भजन,
और खड़े होकर,
'जन-गण-मन'

तुम्हारी प्राचीरों पर जलती मशालें मौन-घोषणा करेंगी,
कि अब कहीं किसी कमज़ोर का छप्पर फूँका न जाए,
सीता की रसोई भरी होगी अनाज और अनुराग से
ताकि राम की चौखट से कोई भूखा न जाए

हमने रख दिया तुम्हारे भवन की नींव में पहला पत्थर,
अब और न सताओ धनुर्धर,
अनगिनत केवटों, शबरियों, सीताओं को प्रतीक्षा है तुम्हारी,
घर आ जाओ मेरे राम,
मेरे 'मंगल भवन अमंगल हारी!'

□

मर्यादा का रथ

(राम-विभीषण संवाद*)

अभी तक वीरता का मौन व्रत देखा कहाँ है ?
अभी तक सत्य को संघर्षरत देखा कहाँ है ?
बहुत देखे हैं तुमने लकड़ी और लोहे के रथ लेकिन
विभीषण, तुमने मर्यादा का रथ देखा कहाँ है ?

जो भीषण यातना से प्राप्त हो, वो यंत्र देता हूँ
मनन कर लो, तुम्हें मैं दिग्विजय का मंत्र देता हूँ
मनुज को देवता जो कर दे, वो करतब सिखाता हूँ
नयन खोलो, तुम्हें मैं ये अनोखा रथ दिखाता हूँ

पराक्रम, शौर्य, साहस और लगन—इस रथ के पहिए चार
विवेक और बुद्धि के दो अश्व करते वेग का संचार
दया की रस्सियों में अश्व हैं बाँधे हुए रथ से
हैं संयम-शील चाबुक ताकि रथ भटके नहीं पथ से

चढ़ो इस रथ पे सीना तानके और सर उठाके तुम
चढ़ो इस रथ पे मस्तक पर कई दिनकर उगाके तुम
चढ़ो इस रथ पे पावन कर्म का चंदन लगाके तुम
चढ़ो इस रथ पे अपने मन में रघुनंदन जगाके तुम

कहाँ दानव है फिर कोई कि भय से जो तुम्हें भर दे
कहाँ वो नर तुम्हारी भाग्यरेखा पर जो पग धर दे,

चढ़ो इस रथ पे तुम इक बार भर हुंकार फिर देखो
कोई पैदा नहीं जग में पराजित जो तुम्हें कर दे!

**यह कविता श्री रामचरितमानस के लंका कांड से प्रेरित है। श्रीराम रावण से युद्ध लड़ने जा रहे हैं। विभीषण चिंतित हैं कि राम के पास रथ नहीं है, वो रावण का सामना कैसे करेंगे। विभीषण को निश्चिंत करते हुए श्रीराम एक अदृश्य रथ के बारे में बताते हैं, जो हर पुरुषार्थी मनुष्य के पास है।*

□

वर्चस्व

धमनियों में लाल-लाल रक्त का प्रवाह है
न ओर-छोर शौर्य का, न शक्ति की ही थाह है
प्रबल है तेरा शौर्य तो प्रशस्त है विजय का पथ
तू प्राण आज वार दे, विधान आज सोच मत
मान पे तू जान दे कि मान ही सर्वस्व है
अग्निपुत्र देख विश्व में तेरा वर्चस्व है

शंखनाद कर रही हैं दस दिशाएँ सुन ले आज
भाग्य या सौभाग्य दोनों में से एक चुन ले आज
खींच ले कमान तू चला दे अग्नि-बाण तू
महासमर लड़ेगा तो कहाएगा महान् तू
कि सत्य है संघर्ष, ये संघर्ष ही यथार्थ है
ये धर्मक्षेत्र है यहाँ हर एक वीर 'पार्थ' है
सारथी संकल्प तेरा, स्वाभिमान अश्व है
अग्निपुत्र देख विश्व में तेरा वर्चस्व है!

□

शिव

जब कहीं कोई नहीं था, आप ही थे,
जब कहीं कोई न होगा, आप होंगे
शब्द सारे मौन जब हो जाएँगे,
तब भी शिव-शंभू के अनहद जाप होंगे
हैं कलाएँ जितनी भी नश्वर धरा पर,
हर कला के आप स्वामी हैं कलाधर,
आप ही को हैं समर्पित राग सारे,
आप ही को भेंट सब आलाप होंगे,
जब कहीं कोई नहीं था, आप ही थे,
जब कहीं कोई न होगा, आप होंगे!

□

शिव तांडव स्तोत्रम्

जटाओं में भागीरथी का है प्रवाह अनवरत
गले में लंबे-लंबे सर्प शोभते हैं हार से
डमड-डमड-डमड-डमड है डमरू नाद गूँजता
कि नृत्य तांडवी बहे है शिव के तार-तार से

जो बूँद-बूँद पुण्य है, जो अंश-अंश उज्ज्वला
वो गंगधार निर्झरा है, झर रही गिरीश पर
जो अर्धरात्रि सृष्टि पर है स्वर्ण सा बिखेरता
चमक रहा है चंद्रमा, वो व्योम जैसे शीश पर

धरा का आदि हैं वही, गगन का अंत भी वही
समय की धारणाएँ सब 'शिवम्' पे ही समाप्त हैं
जगत् का कोई कण नहीं, न जिसपे उनकी छाप हो
कि तीन लोक दस दिशाओं में वही तो व्याप्त हैं

हैं सिद्धियाँ समस्त जिनकी तर्जनी पे नाचती
वो जिनका नाम लेके दुःख के सब प्रवाह रुक गए
झुका रहे हैं शीश हम उन्हीं दयानिधान को
वो जिनके आगे हाथ जोड़ देवता भी झुक गए

ललाट है विराट, शीश है गगन को चूमता
कि पर्वतों के शृंग सारे उनके आगे क्षुद्र हैं

जहाँ भी जग में ज्योति है, जहाँ भी पुण्य फूलता
जहाँ भी सत्य है, वहीं विराजमान रुद्र हैं

ये ग्रह-नक्षत्र-अंतरिक्ष-तारिकाएँ प्रज्वलित
ये सब अनादि से ही उनके श्रीचरण की धूल हैं
ये सृष्टि वृक्ष है तो शिव हैं बीज सारी सृष्टि का,
कि तीन लोक का ये तीन नेत्र ही तो मूल हैं

न देव, न ही सुर-असुर, न चर-अचर, न ये धरा
कि शिव का तेज तब से है कहीं नहीं था जब कोई
ये सृष्टि कोटि-कोटि वर्ष साधना करे तो क्या
शिवम समान जग में न हुआ, न होगा अब कोई

वो नीलकंठ, जो गले में ही गरल को रोक लें,
वो आदियोगी, जिनके योग पर टिकी समष्टि है
पिनाक नाम का धनुष भुजाओं में जो धारते
वही तो हैं कि जिनकी साधना में लीन सृष्टि है

नमो शिवः-नमो शिवः का स्वर सतत है गूँजता
समुद्र-गर्भ से विराट परबतों के छोर तक
वही हैं बस, वही हैं बस, वही हैं और कुछ नहीं
समय की पहली रात्रि से जगत् की अंत भोर तक

है शिव का नाम संपदा, ये संपदा जिसे मिली
वो मानचित्र पा गया परम सुखों के कोष का
बदन पे है समय की भस्म और ललाट पर तिलक
अहा-अहा मनोहरी स्वरूप आशुतोष का

वो जीव और ब्रह्म दोनों का ही स्रोत हैं परम
उन्हीं के बल से कोटि-कोटि प्राण प्राणवान हैं
अनादि काल से त्रिशूल पर लिये हुए धरा,
सचेत हैं, सतर्क हैं, वो सर्वशक्तिमान हैं

मनुष्यता का बल हैं वो, अचल हैं वो, अटल हैं वो
हिमाद्रि श्रृंग की तरह युगों से हैं खड़े हुए
उन्हीं के होने से जगत् में पुण्य और प्रकाश है
वो चेतना के भाल पर हैं रत्न से जड़े हुए

वो काल के प्रहार को भी रोकते हैं वक्ष पर
मनुष्य मात्र के लिए अभेद ढाल हैं शिवम्
प्रवेश क्या करेगा कोई कष्ट प्राण-दुर्ग में
वो द्वार हैं अजेय, जिसके द्वारपाल हैं शिवम्

स्वयं मले हैं अस्थियाँ मसान की शरीर पर
मगर कोई जो माँग ले तो तीन लोक वार दें
नहीं है दानियों में दानवीर शिव सा कोई भी
कि भिक्षापात्र में वो जग की सिद्धियाँ उतार दें

वो मरघटों के देवता, निवासी हैं मसान के
भभूत ही भभूत है बदन के पोर-पोर में
वो मरुथलों की रेत में चमक रहे किरण-किरण
वही तो नृत्य कर रहे समुद्र की हिलोर में

अराध्य और अराधकों के बीच भेद मिट गया
कि प्रेमियों के प्रेम में स्वयं ही खो गए हैं शिव
समस्त मृत्युलोक में उसी का जन्म सार्थक
कि शिव का हो गया है जो या जिसके हो गए हैं शिव

नियति जो हाथ में थमा दे विष-कलश तो सोचना
पीयूष का है स्रोत कौन और उपाय कौन है?
विरुद्ध हो समय यदि, जो पंथ सारे बंद हों,
तो मुक्ति-द्वार भोलेनाथ के सिवाय कौन है?

जो तमतमा के ताप कष्ट का विकल करे प्रभो
तो शांति-सुख का जलप्रपात तुम हो, बस तुम्हीं तो हो
सती ने जिसके प्रेम में है तप किया जनम-जनम
वो प्रेम-पात्र शंभुनाथ तुम हो, बस तुम्हीं तो हो

तुम्हीं पिता हो और परमपिता भी नाथ तुम ही हो
शरण हमारी इस जगत् में कोई दूसरा कहाँ
हमारे शीश पर गगन की भाँति तुम ही छाए हो
जो तुम ही त्याग दोगे तो मिलेगा आसरा कहाँ

कृपा करेगा कौन हम पे, किसकी आस हम करें,
कृपानिधान विश्व के तुम्हीं तो हो विशंभरा
हे एकलिंग, एक तुमसे ही जुड़ी है आस्था,
त्वमेव मातृ-पितृ और गुरु त्वमेव शंकरा

नहीं है भक्ति-भाव के सिवाय हममें गुण कोई,
कृपा बनाए रखना हमपे तुम सदैव देवता
न विधि-विधान ज्ञात है, न मंत्र आते हैं हमें,
क्षमस्मेव हे प्रभु, क्षमस्वमेव देवता

□

भाग-6

इंद्रधनुष

आसमान खोलो

जो हवा में सनसनी है सुनो उसको, कान खोलो,
मेरे पंख उग रहे हैं, ज़रा आसमान खोलो

मैं वही हूँ जिसने तपता सूरज निगल लिया था,
मेरा शौर्य जानना है तो जाके पुराण खोलो

जहाँ शोर तालियों का, वहाँ बोलने में क्या है ?
जहाँ कैंचियों का डर है, वहाँ पर ज़ुबान खोलो

मेरे पंख उग रहे हैं, ज़रा आसमान खोलो !

□

आवाज़ें नहीं मरती हैं*

तुमसे पहले भी कई लोगों ने कोशिश की है
तुमसे पहले भी कई लोग ये बाज़ी हारे,
मारने से कभी आवाज़ें नहीं मरती हैं
और दबाने से कभी दबते नहीं हैं नारे

तुम, कि ताक़त में बहुत ज़्यादा, बहुत ज़्यादा हो
फिर भी तादाद में तुम हमसे ज़्यादा तो नहीं,
वहशतें रूह को ज़ख़्मी तो नहीं कर सकतीं
लाठियाँ पसलियाँ तोड़ेंगी, इरादा तो नहीं

मोमबत्ती के जुलूसों का ज़माना गुज़रा
सर हथेली पे जलाए हैं सभी ने अपने,
गोलियाँ अपनी ज़रा ग़ौर से गिन लेना तुम
हमने गिन रखे हैं फ़ौलाद से सीने अपने

हम तो मज़दूरों के बेटे हैं, किसानों के चिराग़
हमको भी दुःख है कि घरवालों की आशा तोड़ी,
तुमने छोड़ा ही नहीं दूसरा रस्ता वरना
हम तो पढ़ने को यहाँ आए थे, लड़ने थोड़ी!

घर से निकले थे तो माँ-बाप ने ये बोला था
तुमसे उम्मीद है, कुछ बनके दिखाना बेटा,

आज दो कपड़ों में जिस गाँव से जाते हो तुम
बन के अफ़सर तुम उसी गाँव में आना बेटा

ख़ैर होना तो यही था, जो कभी हो न सका
हम वो न थे जो सबक़ ज़ुल्म का हँसके पढ़ते,
कौन सी अफ़सरी और कौन सा वापस आना
माफ़ कर देना कि हम मर गए लड़ते-लड़ते

मारनेवालो मगर तुम ज़रा बचके रहना
आग बन जाएँगी जिस्मों की ख़राशें इक दिन
हम तो मरने पे आमादा थे सो मर ही गए
तुमको तकलीफ़ बहुत देंगी ये लाशें इक दिन

मारने से कभी आवाज़ें नहीं मरती हैं
और दबाने से कभी दबते नहीं हैं नारे,
तुमसे पहले भी कई लोगों ने कोशिश की है
तुमसे पहले भी कई लोग ये बाज़ी हारे!

**यह नज़्म 1997 में इलाहाबाद विश्वविद्यालय में हुए एक छात्र आंदोलन पर लिखी गई थी।*

□

कहानी हो जाएँगे

आज आग हैं, कल हम पानी हो जाएँगे
आख़िर में सब लोग कहानी हो जाएँगे!

न मेरी आवाज़ हमेशा गूँजेगी
न सुनने के लिए हमेशा तुम होगे
आग की चादर ओढ़ के मैं भी सोऊँगा
तुम भी हवा में ख़ाक के जैसे गुम होगे

जैसे सूखे फूल दबे हों पन्नों में
गए दिनों की एक निशानी हो जाएँगे,
आख़िर में सब लोग कहानी हो जाएँगे!

आज हमारी छतों पे सावन आया है
किसने कहा ये बादल कल भी बरसेगा,
आज यहाँ तारीफ़ें हैं, वाहवाही है
ये कमरा कल इक ताली को तरसेगा

बुझ जाएँगी वक़्त महल की कंदीलें
ग़ायब सारे राजा-रानी हो जाएँगे,
आख़िर में सब लोग कहानी हो जाएँगे!

शायर था, अकबराबाद का इक शायर*
कहके गया था "सुख दरिया बह जाएगा,
चल देगा इक रोज़ लाद के बंजारा
ठाठ-बाट सब यहीं धरा रह जाएगा!"

कोई आगे, कोई पीछे पर इक दिन,
हम सब यार नज़ीर की बानी हो जाएँगे,
आज आग हैं, कल हम पानी हो जाएँगे,
आख़िर में सब लोग कहानी हो जाएँगे!

**नज़ीर अकबराबादी, 19वीं शताब्दी के प्रख्यात शायर*

□

सर झुका है

पत्थर जो तेरे हाथ में आया तो क्यूँ रुका है
मेरी तरफ़ उछाल दे, मेरा तो सर झुका है
ये तू भी जानता है मैं दिल का बुरा नहीं हूँ
ये मैं भी जानता हूँ बहुत तेरा दिल दुखा है !

□

उजाले आते हैं

सलाम करते हैं रस्ते भी उस मुसाफ़िर को
वो जिसके पाँवों में हर रोज़ छाले आते हैं
मैं अपने दिल की दरारें न भरने दूँगा कभी
इन्हीं दरारों से मुझमें उजाले आते हैं
ये मुश्किलों का वज़न हमको क्या डराएगा
हम अपनी पीठ पर पर्वत उठा ले आते हैं!

□

नीरज चोपड़ा के लिये

(ओलंपिक विजय पर)

फेंक के भाला आसमान के दो टुकड़े कर देते हैं
लो फिर साबित हुआ कि हम राणा प्रताप के बेटे हैं!

□

सुशांत

जाने परिंदे पर क्या गुज़री
अपना अंबर भूल गया
हवा में उड़ता-फिरता था जो
वो पंखे से झूल गया!

□

क्या खोया-क्या पाया

ये दुनिया जो हमने बनाई है,
ये ज़िंदगी जो बड़े जतन से कमाई है,
इसमें रफ़्तार तो भरपूर है
पर न ठहराव है, न गहराई है!

हमने बैंक अकाउंट में कई शून्य 'जोड़' लिये
लेकिन अपने शून्य होने का एहसास 'घटा' नहीं पाए,
ट्विटर पर 'ब्लू टिक' ले लिया
पर ज़िंदगी से 'रेड फ़्लैग्स' हटा नहीं पाए

आसमानों से जुड़ने की ज़िद में
हम अपनी ज़मीनों से टूट गए,
सफलता और सुख में अंतर है
क़ामयाबी और ख़ुशी में फ़र्क़ है
ये समझाने वाले बुज़ुर्ग, कहीं पीछे छूट गए!

पेंट-हाउस बना लिया
लेकिन इतनी फ़ुरसत कहाँ
कि बच्चों के साथ रेत के घरौंदे बना पाएँ,
कलाई पर चार लाख की घड़ी पहन ली
और वक़्त इतना भी नहीं
कि चार पल अपनों के साथ बिता पाएँ

आज हम 'बिल गेट्स' और 'जो बाइडन' को तो पहचानते हैं,
अपने पड़ोसी को नाम से नहीं जानते हैं,
और सोच इतनी बदल गई है
कि दादा पत्थर को भगवान् मानते थे
हम भगवान् को पत्थर मानते हैं!

गुरु की जगह 'गूगल' को दे दी
जो गूगल कहे, वही सत्यं-शिवं-सुंदरम् है,
तभी तो आज हमारे पास 'जानकारी' ज़्यादा
और 'समझदारी' कम है

रिश्तों की जायदाद वक़्त ने हड़प ली
और हम प्रॉपर्टी के पेपर्स सँभाल के ख़ुश हैं,
दादी की स्टोरीज़ हमारे इंतज़ार में सो गईं, और हम
इंस्टा पे स्टोरीज़ डाल के ख़ुश हैं

जो लॉकर में बंद नहीं होती, वो भी दौलत है
ये ज़रा सी बात हम ख़ुद को समझा नहीं पाए,
मून और मार्स तक जा पहुँचे
लेकिन सगे भाई से मिलने दूसरे शहर तक जा नहीं पाए

बड़े-बड़े अरमान पूरे कर लिये
छोटी-छोटी आरज़ुएँ हाथ मलती हैं,
घर से निकलते हुए कभी माँ की दुआएँ साथ चलती थीं
अब 'ब्लड प्रेशर' की दवाएँ साथ चलती हैं

एक वो भी दिन थे
जहाँ थक गए, वहीं सो गए,
और आज लाखों का मैट्रेस है
लेकिन गहरी नींद में सोए महीनों हो गए

दिखावा ऐसा
कि हम टूटे हुए पैरों में ब्रांडेड जूते कसते हैं,
और अदाकारी ऐसी
कि अंदर जितने ज़्यादा आँसू हैं
बाहर उतने ही ज़ोर से हँसते हैं

इस डिजिटल दुनिया में कहाँ ढूँढ़ें
माँ की चिट्ठियाँ कहाँ चली गईं
बाबूजी के तार कहाँ खो गए
फ़ेसबुक पर चार हज़ार दोस्त हैं
पर जो एक आवाज़ पर दौड़े चले आते थे
वो चार यार कहाँ खो गए!

कंपनी की बैलेंस शीट में प्रॉफ़िट बढ़ रहा है
रिश्ते लॉस में डूबते जा रहे हैं,
एक-एक करके पूरा आसमान खो गया
फिर भी ये धोखा कि हम चाँद कमा रहे हैं!

ये दुनिया जो हमने बनाई है
ये ज़िंदगी जो बड़े जतन से कमाई है,
इसमें जितना शोर है, उतना ही सन्नाटा
जितनी भीड़ है, उतनी ही तनहाई है

एक वजूद हज़ार टुकड़ों में बँट गया
दिल कहीं है, दिमाग़ कहीं, और होश कहीं है,
जब हमारे पास कुछ नहीं था, तो सबकुछ था
और आज सबकुछ है, पर कुछ नहीं है!

□

दूसरा लॉकडाउन

मुश्किल से फिर जलाया था उम्मीद का दीया
क्या जानते थे आके हवा फूँक मार देगी
सरकार, हम तो मरने को तैयार बैठे हैं
कोविड से बच भी जाएँगे तो भूख मार देगी!

□

लखनऊ

वो गीत गाती गोमती की लहरें भूल जाएँ
कैसे वो चारबाग़ की दोपहरें भूल जाएँ
शाम-ए-अवध सा सुर्ख़ है अब तक लहू हमारा
हम अब भी लखनऊ के हैं और लखनऊ हमारा!

□

नेपोटिज़्म

बाप-दादा की सूबेदारी है
न कि ये मिल्कियत तुम्हारी है
घास को आँधियों का डर कैसा
बरगदो, तुम पे वक़्त भारी है
हमने झुक के बहुत सलाम किया
चौधरी अब तुम्हारी बारी है
दद्दा होंगे शिकारी नंबर वन
आपने बिल्ली नहीं मारी है
धीरे-धीरे हिसाब दोगे तुम
कई सदियों की देनदारी है
वो जो लौंडा किनारे बैठा है
छेड़ना मत, वो क्रांतिकारी है
सिर्फ़ नरभक्षियों को खाता है
वरना लड़का तो शाकाहारी है
बंबई के भरोसे थोड़ी हैं
गाँव में अपनी खेती-बाड़ी है
ख़ून थूकेंगे कैनवस पर आज
ये दीवानों की चित्रकारी है!

□

मैं मिट्टी हूँ

बदलना तो बहुत मुझको मेरे बाज़ार ने चाहा
मगर क़ायम रहा मैं उसपे जो किरदार ने चाहा
मैं मिट्टी हूँ मगर मैं चाक से अब तक नहीं उतरा
खिलौना बन ही जाऊँगा अगर कुम्हार ने चाहा!

□

नेल्सन मंडेला के नाम

कौन हो तुम ?

हाथों में जुगनू लेकर मशालों से होड़ लगाते हो,
ज़िद्दी इतने कि हवाओं के साथ दौड़ लगाते हो

पता नहीं क्यों तुम्हें यक़ीन है
कि एक दिन सूरज बर्फ़ बनकर पिघलेगा
रेत पर पाँव घिसते हो और कहते हो
'पानी यहीं से निकलेगा'

स्याह रातों से कहते हो, "तुझे ढलना होगा"
सरफिरे वक़्त से कहते हो, "तुझे बदलना होगा"

मायूसियों से उम्मीद माँगते हो,
सन्नाटों से संगीत माँगते हो
ज़िंदगी से इश्क़ करते हो
जिनके लिए जीते हो, उन्हीं के लिए मरते हो

कौन हो तुम ?
आख़िर कौन हो तुम ?

□

लता

एक लड़की थी 20 बरस की!
जब उसकी सहेलियाँ अपनी चुन्नी में
टाँकने के लिए बाज़ार में सलमा-सितारे ढूँढ़ रही थीं
उसने संगीत के आकाश पर चाँद टाँक दिया!

वो अपने हालात से लड़ गई,
करोड़ों लड़कियों का हौसला बन के, बाधाओं से आगे बढ़ गई!

जो समझते थे, कि संगीत सिर्फ़ मर्दों का खेल है,
वो ये देखकर हैरान रह गए कि
देश की सबसे बुलंद आवाज़, एक फ़ीमेल है!

बोल दिया उसके सुरों ने
कि हम इतिहास में एक सुनहरा पन्ना बन के जुड़ना चाहते हैं,
ये आसमान थोड़ा और ऊँचा उठा दो
आज हम उड़ना चाहते हैं!

वो थी तो बड़ी भोली, बड़ी प्यारी
सबसे दोस्ती जोड़ लेती,
लेकिन रिकॉर्ड्स से पता नहीं क्या दुश्मनी थी
जब मौक़ा मिलता तोड़ देती

दिल का चैन
मन का आराम,

सर्दी की धूप
गरमी की शाम,
उसकी आवाज़ को लोगों ने दिए कई-कई नाम!
लेकिन हम कहते हैं
छोड़ो, ये हिसाब लगाना,
जादू को जादू बुलाओ
किसी और नाम से क्यूँ बुलाना?

धड़क उठा दिल उसकी तानों पर,
थिरक उठा ज़माना उसके गानों पर,
और फिर एक दिन
वो सरस्वती की बेटी लौट गई
अपनी माँ के पास, आसमानों पर!

फिसल गई वो चमकती हुई रेत
हथेली ख़ाली रह गई,
बस वो बात याद है
जो वो जाते-जाते कह गई

इस दुनिया में हुनर ही राजा है, हुनर ही रानी,
ज़माना उसी का है, जिसने हुनर की ताक़त पहचानी,
भारत रत्न लता मंगेशकर की याद में
"ऐ मेरे वतन के लोगो, ज़रा आँख में भर लो पानी!"

□

तुमसे हो नहीं पाएगा

दुनिया में कई तरह के झूठ हैं
लेकिन सबसे बड़ा झूठ क्या है, मैं बताता हूँ
"तुमसे हो नहीं पाएगा!"

तुमसे...हो...नहीं...पाएगा!
ये चार लफ़्ज़ झुठलाते हैं, उस क़ायनात को
जो कभी आग का गोला थी, आज जन्नत की तसवीर है,
ये चार लफ़्ज़ झुठलाते हैं
तुम्हारी नसों में खौलती उस एटमी ताक़त को
जिसमें नए ज़मीनो-आसमान पैदा करने की तासीर है!

तुमसे...हो...नहीं...पाएगा!
अगर ये चार लफ़्ज़ सच हैं
तो क्या इंसान का चाँद पर जाना
और वहाँ से मिट्टी लाना झूठ है?
एक लँगोटी पहने हुए फ़क़ीर का
ब्रिटिश हुकूमत से टकराना और जीत के आना झूठ है?
नौ मज़हबों और तीन हज़ार जातियों वाले इस देश का
एक तिरंगे तले आके 'जन-गण-मन' गाना झूठ है?

ज़रा कह दो उनसे, जो हमें नामुमकिन का सबक़ सिखाते हैं,
कि सत्तर साल पहले हम सिर्फ़ रुई बनाते थे
आज रॉकेट्स बनाते हैं

कभी सँपेरे कहलाते थे
आज एशिया की शान कहलाते हैं,
जिसे 'थर्ड वर्ल्ड कंट्री' कहके हाशिए पे डाल दिया
आज उसी के बेटे-बेटियाँ तुम्हारी दुनिया चलाते हैं

चलो मान लिया
कि आज सूरज धुँधला पड़ गया है, चाँद फीका,
मान लिया कि आज चेहरा उतरा हुआ है ज़िंदगी का
मान लिया कि आज कश्तियाँ डगमगा रही हैं,
हिम्मतें लड़खड़ा रही हैं,
पर इसका मतलब ये तो नहीं
कि हम सँभलना भूल जाएँगे
मौसम बदलना भूल जाएँगे
चिराग़ जलाना भूल जाएँगे
अरे, पैरों में काँटा चुभ गया
तो क्या हम चलना भूल जाएँगे ?

मुश्किलों, कब तक सिर उठाओगी
एक दिन हम तुम्हें झुकना सिखा देंगे,
आज तुम्हारा दिन है, हवा में उड़ लो
कल हमारा दिन होगा, तुम्हें ठोकरों से उड़ा देंगे

आज कलेंडर पे तारीख़ें ठहर गईं तो क्या
वो दिन भी बीते हैं, ये दिन भी बीतेंगे,
हम पहले भी लड़ के जीते हैं,
आगे भी लड़ के जीतेंगे

ये दिल परिंदा है, फिर से फड़फड़ाएगा,
पंख फैलाएगा,
और ऐसी उड़ान भरेगा कि सितारे चूमके आएगा,
हमसे दोबारा मत कहना,
'तुमसे हो नहीं पाएगा!'

□

मैं अटल हूँ!

बाद में हैं सब जगत् के सुख सुनहले,
मेरे मस्तक पर लिखा है, 'देश पहले'

मैं पिऊँ माँ भारती के पाँव धोके,
कौन बाधा है जो मेरी राह रोके

मैं हिमालय की तरह अविचल, अचल हूँ,
जो कभी टूटे नहीं वो आत्मबल हूँ,
मैं अटल हूँ!

चंद्रमा सा शोभता शिव की लटों में,
जागता हूँ मैं समय की करवटों में,
मैं तो परिवर्तन के पथ का इक पथिक हूँ
देश की पग-ध्वनि है मेरी आहटों में

मैं गगन के ताल में खिलता कमल हूँ,
युग जिसे वंदन करें वो एक पल हूँ,
मैं अटल हूँ!

□

तुमसे हार नहीं मानेंगे

सुनो, बड़के शहर और बड़के नाम वालो
अपने बड़प्पन का झुनझुना सँभाल के रखो
हमारे तेवर से टकरा गया तो टूट जाएगा,
हम बकैती पे आ गए न बाबू
तो बड़े-बड़ों का पसीना छूट जाएगा

हमको पता है तुम पावर में हो
तुम्हारे ख़रीदे हुए जौहरी हमें हीरा नहीं, पत्थर कहेंगे
हम फिर भी चमक के रहेंगे

तुमने मसनद पे जो मुंसिफ़ बिठाए हैं
वो हमको कलाकार नहीं मानेंगे,
अदाकार नहीं मानेंगे,
फ़नकार नहीं मानेंगे,
हम फिर भी हार नहीं मानेंगे

चालू डब्बे में चढ़के बंबई आएँगे,
और तुम्हारे हवाई-जहाज़ से डबल ऊँचा उड़के दिखाएँगे

तुम्हारे हाथ में पावर है, हमारे हाथ में ताक़त
दोनों का अंतर समझ लो

पावर वो कुर्सी है जो किसी की सगी नहीं हुई
चाहे कोई जिए या मरे,
और ताक़त वो बचपन का यार
जो यारी में गर्दन कटा दे और उफ़ तक न करे

तुम भी यार कमाल हो
शेर के बच्चों को चाबुक दिखाते हो,
हमको सरनेम से डराते हो

जब छोटेलाल मास्टर 'ड' से 'डर' पढ़ा रहे थे,
हम पेड़ की पुलगी पर चढ़के 'अ' से 'अमरूद' खा रहे थे
उस क्लास में नहीं बैठे जहाँ डर का डिक्टेशन बोला गया,
वो पानी नहीं पिया जिसमें छोटे-बड़े का ज़हर घोला गया

और बाप के कंधे पर बंदूक़ रखके तो हमने चिड़िया तक नहीं मारी

बहुत सुन लिया तुमसे—हमारा बाप ये, हमारा बाप वो
आज हम तुमको अपनी वंशावली बताएँगे,
गिनो, आज हम भी अपने बाप, दादा, परदादा
सबका नाम गिनवाएँगे

पहले दद्दा का नाम नोट करो, 'रणबीच चौकड़ी' चेतक वाले
बौरा गए तो ज़िल्ले-इलाही का ख़ून ठंडा कर दिए,
घास की रोटी खाके मुग़लिया सल्तनत को डंडा कर दिए

हमारे बड़के भैया
14 साल तक जंगल-जंगल जोगी की सवारी फिरती रही,
और सिंहासन पर उनकी खड़ाऊँ राज करती रही

एक कक्कू भी थे हमारे
फूटी आँख से करतब दिखा दिए थे,
शब्दभेदी मार के ग़ौरी को गुलैया बना दिए थे

और वो पंडितजी, बाबा हमारे बड़के,
एक पगलेट राजा ने चुटिया खोल दी तो ऐसा भड़के,
कि 'गेम ऑफ़ थ्रोंस' खेल दिए,
पूरा-का-पूरा मगध अकेले ठेल दिए

ये चार काफ़ी हैं कि और गिनवाएँ?

नोट करते-करते तुम्हारी स्याही ख़तम हो जाएगी
हमारे बाप-दादा की मचाई हुई तबाही ख़तम नहीं होगी

तो बॉटम लाइन बोल देते हैं
तुम अपनी खोपड़ी के पीछे वो चमकने वाला गोला लगवा लो
हम फिर भी तुम्हें अवतार नहीं मानेंगे,
तुम्हारे नाम का कलमा नहीं पढ़ेंगे, तुम्हें परवरदिगार नहीं मानेंगे,
तुम वंशवाद की ज़मीन खोदकर हमें गाड़ दोगे
तो हम बग़ावत का बीज बनके फूटेंगे
पर तुमसे हार नहीं मानेंगे!

□

गुनहगार

सच की फ़ितरत है, उसकी ताक़त है
कि बहुत दूर तक सुनाई दे,
मुझसे उम्मीद बेवजह क्यूँ है
जो गुनहगार हो सफ़ाई दे!

□

अगर होता नहीं रघुनाथ मेरा

अगर होता नहीं रघुनाथ मेरा
तो देता कौन जग में साथ मेरा
पुरोहित दूर जा बैठे थे सारे
हवन करते जला जब हाथ मेरा
मेरे तारे हवा से बुझ गए थे
दीया था हमसफ़र कल रात मेरा
अगर होता नहीं रघुनाथ मेरा
तो देता कौन जग में साथ मेरा!

□

जियो तिवारी जनेऊधारी

(अमर बलिदानी श्री चंद्रशेखर तिवारी 'आज़ाद' को समर्पित)

मलते रह गए हाथ शिकारी
उड़ गया पंछी तोड़ पिटारी
अंतिम गोली ख़ुद को मारी
जियो तिवारी जनेऊधारी!

भारत माँ का राजदुलारा
एक के बदले दस को मारा
बहरे हो गए गोरे जब वो
हर-हर महादेव हुंकारा
छोड़ अहिंसा की रट-बाज़ी
लाश गिरा दी बारी-बारी
जियो तिवारी जनेऊधारी!

काया से जैसे बजरंगी
शिव के जैसा क्रोध भुजंगी
तिसरी आँख खुली तो काँपे
थर-थर-थर-थर दुष्ट फ़िरंगी
अंग्रेज़ों के शव पे नाचा
नीलकंठ का वो अवतारी
जियो तिवारी जनेऊधारी!

देश के दुश्मन कान लगाए
सुनो जो पंडित-पुत्र सुनाए
गाड़ दिए जाओगे ज़िंदा
अगर जनेऊ से टकराए
दुर्वासा के श्राप से डरना
जनहित में चेतावनी जारी
जियो तिवारी जनेऊधारी!

□

उजाला

और तो कौन थामता मुझको
ठोकरों ने ही सँभाला होगा
इक दीए ने ये कहा था मुझसे
तुम जलोगे तो उजाला होगा!

□

ऐयारी

मुझे गिराके बढ़ जा आगे फिर जाने कब बारी आए
तेरी हस्ती उतनी ही है, जितनी तुझे ऐयारी आए
कब से यही उम्मीद लगाए, जंगल-जंगल फिरता हूँ
जिसके जाल में फँस जाऊँ मैं, ऐसा कोई शिकारी आए
कभी कुचल दे वो मेरा सर, कभी मैं डस लूँ चुपके से
वो साँपों का मंतर जाने, मुझको भी मक्कारी आए
पंख मेरे वो पत्थर कर दे, फिर भी मैं उड़ जाता हूँ
उसको भी जादू आता है, मुझको भी दिलदारी आए
कटने-फटने का डर कैसा, हम तो बहते पानी हैं
बह जाएँगे अपनी रौ में, आरी आए, कटारी आए
चढ़ाके साँकल बैठ गए हैं, हम तो अपनी कुटिया में
आज न खोलेंगे दरवाज़ा, राजा आए, भिखारी आए
तेरी हस्ती उतनी ही है, जितनी तुझे ऐयारी आए!

□

आरु के लिए

तुम्हीं तो एक बहाना हो साँस लेने का,
मेरे लिए तो कोई दूसरी वजह न रही
बहुत बड़ा है मेरा दिल मगर मेरे आरु,
तुम्हारे बाद किसी और की जगह न रही!

□

कैंडललाइट विजिल

वो हाथ कंधे से कैसे जुड़ा हुआ है अभी
दुपट्टा जिसने किसी बहन का गिराया था
ये मोमबत्तियाँ मर्दानगी पे लानत हैं
कि मर्द वो है जो लंका जला के आया था! □

जुगनू

जो भी मिला इसलिए मिला कि हँस के बहुत कुछ खोया हमने
ये जो सूरज देख रहे हो, जुगनू-जुगनू बोया हमने
दु:ख जब हमसे मिलने आया, उसकी हिम्मत टूट गई
झील भरी थी आँखों में पर क़तरा भी न रोया हमने
ये जो सूरज देख रहे हो, जुगनू-जुगनू बोया हमने!

□

मुसाफ़िर हूँ मैं

कभी धूप की बस्तियाँ मिलीं,
कभी किनारों पे डूबती हुई कश्तियाँ
कभी हवाएँ तिनकों से बना मेरा घर देख के हँस पड़ीं,
तो कभी बारिशें मेरी टूटी हुई छतों पे बरस पड़ीं

ज़िंदगी ने जब भी आज़माइश के लिए पुकारा,
मैंने एक ही जवाब दिया
'हाज़िर हूँ मैं',
मुसाफ़िर हूँ मैं!

रास्तों से राब्ता है मेरा
किसी पते पर देर तक न रुकता हूँ, न ठहरता हूँ,
मैं मुश्किलों से नहीं, मंज़िलों से डरता हूँ

मुझे भटकने का ख़ौफ़ नहीं
मेरी कायनात आसमान से ज़मीं तक है,
मैं किसी भी गली से गुज़रूँ
पहुँचना तो तुम्हीं तक है

सही-ग़लत, झूठ-सच, जहाँ ये सब आवाज़ें गुम हो जाती हैं
एक दिन उसी दरिया में उतर जाऊँगा,
वो इक जज़ीरा है न, जहाँ फ़रिश्ते सीपियाँ चुनने आते हैं
वहीं रेत बन के बिखर जाऊँगा

और कोई हुनर नहीं है मुझमें
पर ज़िंदगी जीने में माहिर हूँ मैं
मुसाफ़िर हूँ मैं!

□

सपने इक दिन जीतेंगे

आज किनारा दूर बहुत है
आज भँवर में कश्ती है
आज हमारे सपनों पर
ये सारी दुनिया हँसती है
लेकिन बुझती आँखों में
इक नूर नया आ जाता है
दूर कहीं इकतारे पर
जब इक बंजारा गाता है
वो मौसम भी नहीं रहे
और ये मौसम भी बीतेंगे
दुनिया इक दिन हारेगी
और सपने इक दिन जीतेंगे!

□

तुम हमें क्या दोगे ?

(करोना–काल में पलायन के लिए विवश मज़दूरों को समर्पित)

मज़दूर हैं हम,
और मानते हैं कि तुमसे थोड़ा अलग हैं

तुम्हारे जिस्म लहू और हड्डियों से बने हैं
हमारे सीमेंट और गिट्टियों से,
तुम माँ की कोख से जनम लेते हो
हम कारख़ानों की भट्ठियों से

हम खदानों का कोयला हैं, तुम तिजोरी का सोना,
तुम्हें पूरी दुनिया चाहिए, हमें सिर्फ़ एक कोना
बहुत मुश्किल है तुम्हारा और हमारा एक सा होना

ये बराबरी का दौर है,
यहाँ किसी को छोटा कहते अच्छा नहीं लगता,
लेकिन तुम्हें कहें भी तो क्या कहें ?
तुम बेचारे,
महँगे मर्तबानों के मारे
अपनी प्यास के लिए मिट्टी के प्याले नहीं कमा पाए,
ज़िंदगी भर दौड़ते रहे
लेकिन हमारी तरह पैरों के छाले नहीं कमा पाए

स्क्वायर फ़ीट के बाशिंदो, कभी ज़मीन बिछाके सोए हो क्या ?
रोमियो-जूलियट पर आँसू बहानेवालो,
कभी भरत-मिलाप देखके रोए हो क्या ?

तुम्हारे ज़ख़्म मरहमों के मोहताज हैं
और हमें चोट लग जाए तो धूप के फ़रिश्ते आके
अपनी उँगलियों का सेंक देते हैं,
तुम्हारे पास दुःखों के वो हीरे कहाँ
जो हमारे बच्चे खेलके फेंक देते हैं

तुम जुगनुओं के जागीरदार
हम तड़कता हुआ आफ़ताब हैं
तुम नक़्शों पे खिंची तंगदिल हक़ीक़त,
हम नई दुनिया का दरियादिल ख़्वाब हैं
तुम सिर्फ़ ज़िंदाबाद हो, हम इंक़लाब हैं
यानी तुम बहुत मामूली हो, हम बहुत नायाब हैं !

इसलिए आज हम अपनी ग़लती क़ुबूल करते हैं,
हमने माँगने से पहले देने वाले का बौनापन नहीं देखा
हमारी मेहनतों का क़द तुम्हारी इमारतों से बड़ा है,
तुम हमें क्या दोगे
तुम्हारी एक-एक ईंट पर हमारे पसीने का उधार चढ़ा है,
तुम हमें क्या दोगे
21वीं सदी में महाशक्ति बनने का
तुम्हारा सपना हमारे पैरों पर खड़ा है,
तुम हमें क्या दोगे

हम देते हैं तुम्हें ये वचन
कि आज तुम्हें छोड़के जा रहे हैं
पर वापस लौटकर ज़रूर आएँगे
तुम्हारी ये कायनात जो उजड़ गई है,
इसे फिर बसाएँगे,
ज़िंदगी का मलबा देखकर आँसू मत बहाओ
हम ईश्वर के हाथ हैं,
तुम्हारे लिए एक नई दुनिया बनाएँगे!

□

एक अजन्मी बेटी की चिट्ठी

माँ, तू कैसी है ?

मुझे पहचाना ?
मैं वही तेरी नन्ही सी कली,
कुछ दिन तेरी कोख में पली,
आधी-अधूरी साँसें लीं
न बुझी, न जली !
मैं वही तो हूँ माँ
तेरी नन्ही सी कली

भैया कैसा है माँ ?
अच्छा ही होगा
वो तो सबका लाडला था,
पलकों की छाँव में पला था,

मैं जानती हूँ
वो तेरे सपनों का सुंदर क़िस्सा था,
लेकिन माँ,
तेरी लोरियों में मेरा भी हिस्सा था
था न माँ ?

मेरे बाबूजी,
वो कैसे है माँ ?

बहुत ख़ुश थी मैं
उनकी बाँहों में झूलूँगी,
उनकी गोद में खेलूँगी,
वो दिन-रात मुझे दुलारेंगे,
चिड़िया, बुलबुल, मैना, परी
कैसे-कैसे नामों से पुकारेंगे,
मुझे क्या पता था
मेरे बाबूजी मुझे जान से मारेंगे!

वो डॉक्टर साहब
वो कैसे हैं माँ?

मुझे तो बड़े प्यारे लगे थे,
सर से पाँव तक सफ़ेद कपड़ों में सजे थे

मुझे उनसे माफ़ी माँगनी है माँ
मैंने उनके कपड़े ख़राब कर दिए,
इतने सुंदर सफ़ेद लिबास,
अपने ख़ून के लाल धब्बों से भर दिए

लेकिन सारी ग़लती मेरी थोड़ी थी?
वो कैंची, सुई, नश्तर,
कितना डर गई थी मैं वो सब देखकर

और जब ये सारी चीज़ें मुझ पर चलीं,
उफ़! बहुत दर्द हुआ था माँ, बहुत ज़्यादा
मेरा कोई हिस्सा पूरा काट के निकला
कोई आधा!

ख़ैर मेरी जाने दे
तू बता माँ
तू कैसी है?
मेरे बिना ख़ुश तो है न?
मेरी याद तो नहीं आती?
तू मेरे लिए आँसू तो नहीं बहाती?

मत रोना माँ,
मैं तुझे रोते हुए देख नहीं पाऊँगी,
तू जब भी मुझे बुलाएगी,
मैं तुझसे मिलने आऊँगी,
सपनों में ही सही,
तुझसे मिलने आऊँगी, माँ! □

आज़ाद क़लम

तुम तो ऐसे कह रहे हो, जैसे मेरे बस में है
मैं उसे कैसे भुला दूँ, जो मेरी नस-नस में है

~

कभी नहीं देखे जो मेरी आँखों ने
ऐसे-ऐसे मंज़र देखता रहता हूँ
बाहर के सब धूम-धड़ाके देख चुका
अब मैं अपने अंदर देखता रहता हूँ

~

इक आम से इंसान को फ़रहाद न कर दे
वो इश्क़ कैसा इश्क़ जो बरबाद न कर दे

~

कभी-कभी वो मुझे इतना याद आती है
कि मैं उठूँ, तो मेरी नब्ज़ बैठ जाती है

~

हमने बहुत क़रीब से देखा है ज़िंदगी को
उतना ही पास रह गया, जो दे दिया किसी को

~

शोहरतें आपकी अधूरी हैं
थोड़ी बदनामियाँ ज़रूरी हैं

ये बहकी बातें, ये बेख़याली
शुरू से ये ही चलन है मेरा
मैं अपने अंदर नहीं मिलूँगा
बदन से आगे, वतन है मेरा

~

हमारे ख़्वाब में अब भी अमीनाबाद आता है
छलक जाती हैं आँखें लखनऊ जब याद आता है

~

कई रातों का मैं जागा हुआ था
ज़रा मौक़ा मिला तो सो गया हूँ
जो बाक़ी रह गए वो काम कर लूँ
मोहब्बत से तो फ़ारिग़ हो गया हूँ

~

कुछ पाने के लिए बहुत कुछ यार गँवाना पड़ता है
इश्क़ में ख़ुद्दारी को अकसर ज़हर पिलाना पड़ता है
ठुकरा के सौ बार बुलाए जो, उसके दरवाज़े पर
जाने का तो दिल नहीं करता, फिर भी जाना पड़ता है

~

यही सच है कि सब बदल जाएगा
मोहब्बत, इनायत, अदब झूठ है
अभी प्यार है तो करो टूट के
हमेशा, फ़ॉरएवर, ये सब झूठ है

~

कभी ख़ुद्दारी की सरहद ही नहीं लाँघते हैं
भीख तो छोड़िए, हम हक़ भी नहीं माँगते हैं

~

तुम्हें सदमा लगेगा, जब सुनोगे
मैं अब भी बंद ताले खोलता हूँ
मुझे ख़ामोश करने वालो देखो
मैं बच्चों के गले से बोलता हूँ

~

बिन बोले है प्रेम यशस्वी
बोल दिया तो अर्थ नहीं है
प्यार वही सच्चा है जिसमें
मिलना कोई शर्त नहीं है!

~

अधरों पर ठहरी है आके मरुथल जैसी प्यास
थम–थम के चलती है अब तो सपनों की भी साँस
अँधियारों पर कान लगे हैं, रात खड़ी है मौन
तोड़ दे जो मन का सन्नाटा, वो सुर छेड़े कौन

~

यूँ तू–तड़ाक न कर, मैं जी–हुज़ूर हूँ
नीलम हो रहा हूँ मगर कोहेनूर हूँ
जो आस–पास हैं, उन्हें देखा नहीं कभी
सबसे क़रीब है वही, जिससे मैं दूर हूँ

~

मुझे चिराग़ दिखाते हो, वो भी दर्पन में?
मैं चाँद छोड़के आया हूँ अपने आँगन में

~

मोम रखा है मेरे सीने में
यानी संगदिल न बन सकूँगा मैं
तू मुझे छोड़ दे, तुझे हक़ है
तेरे क़ाबिल न बन सकूँगा मैं

मैंने रो-रोके मेरी याद दिलाई उसको
मेरी सूरत भी मगर याद न आई उसको
गिना करते थे जहाँ दोनों बतख़ के जोड़े
आज ले जाके, वही झील दिखाई उसको

~

ख़ाक का आफ़ताब हो जाना
कितना आसान कर दिया तुमने
दर्द मिलने से खुल गए सौ दर
मुझको इंसान कर दिया तुमने

~

जिस बुलंदी पे मैं गया ही नहीं
अब वहीं से उतर रहा हूँ मैं
जिसको पाया नहीं कभी मैंने
उसको खोने से डर रहा हूँ मैं

~

साफ़ दिखने लगेगी ये दुनिया
ऐनक आँखों से उतर जाएगी
किसी बच्चे को खेलते देखो,
आँख की रोशनी बढ़ जाएगी

~

इश्क़ है सबको बताऊँगा मैं
जुर्म है क्या कि छुपाऊँगा मैं?
लाल हो जाएँगी आँखें रोके
याद इतना तुम्हें आऊँगा मैं

~

मैं अब भी इक आवाज़ पे आ जाऊँगा खिंचकर,
ढूँढ़ो कोई बहाना, बुलाओ तो किसी रोज़
नौ आठ दो सौ पाँच और आख़िर में छह सौ सात
नंबर वही है मेरा, मिलाओ तो किसी रोज़

~

कितनी भी मैं कोशिश कर लूँ, शुक्राना रह जाएगा आधा
किस-किसके मैं नाम गिनाऊँ, साँसें कम हैं लोग ज़्यादा!

□□□